REDRUM

Die dunkle Lust
1. Auflage
(Deutsche Erstausgabe)

Verleger: Michael Merhi
Lektorat: Stefanie Maucher
Korrektorat: Tina Kluthe / Nicole Schumann
Umschlaggestaltung und Konzeption:
MIMO GRAPHICS unter Verwendung einer
Illustration von Shutterstock

ISBN: 978-3-95957-306-1

E-Mail: merhi@redrum.de
www.redrum.de

YouTube: Redrum Entertainment
Facebook-Seite: REDRUM BOOKS
Facebook-Gruppe:
REDRUM BOOKS - Nichts für Pussys!

Axel Schnell
Die dunkle Lust

Zum Buch:

Jan Godewill ein Wohltäter, dem Kinder liebevoll mit ihren Zeichnungen danken, Vorsitzender der nach ihm benannten Godewill-Stiftung – und zudem ein psychopathischer Serienkiller. Während die feine Hamburger Gesellschaft ihn als Lichtgestalt hofiert, wandelt der Multimillionär auf uralten und gefährlichen Pfaden. Mit seinen tödlichen Ritualen öffnet er die Tore zu einer mörderischen Welt.

Doch der Serienmörder aus der Welt der Reichen und Schönen hat nicht mit einem Hauptkommissar gerechnet, der alles daransetzt, ihm das Handwerk zu legen. Statt sich von ihm zum Spielball machen zu lassen, wird Hauptkommissar Haller, den das Leben nicht auf Rosen gebettet hat, zur ernsthaften Gefahr.

»*Schnell (…) kennt sich aus mit unterschiedlichsten Milieus und flirtet gewitzt mit den dazugehörigen Klischees. Dazu kommen popkultureller Hintersinn, fiese Folklore, Spannung …*«
Neue Presse, Hannover

Zum Autor:

Axel Schnell (*1953 †2023) war promovierter Literaturwissenschaftler und arbeitete zehn Jahre als Tageszeitungsredakteur, unter anderem als Polizeireporter. Später war er in der Wirtschaft tätig und lebte zuletzt als freier Autor, der Romane schrieb, in denen es stets in irgendeiner Form um das Böse ging. Er war Mitglied im Verband deutscher Schriftstellerinnen und Schriftsteller sowie im Bund Deutscher Kriminalbeamter, vor allem aber war er fasziniert von alten Mythen, Göttern, Teufeln und Dämonen.

Inhalt

Axel Schnell
Die dunkle Lust

Thriller

»Habt ihr von Zauberliedern nie gehört
und von Runen der Bethörung?
Ruchlose Männer, unheimliche, sagt man,
schweifen unstet durch die Lande,
unter dem dunkeln Mantel die Harfe,
im dunkeln Herzen die böse Lust.«
(Felix Dahn: *›Odhins Rache – Friggas Ja – Die Finnin‹*)

»Du musst das Tier herauslocken. In die Sonne mit dem Tier.«
(Bertolt Brecht: *›Baal‹*)

»Psycho killer, qu'est-ce que c'est?«
(Talking Heads)

Gekkos Bar

Es war ein guter Abend für Katharina Sander. In der *Gekkos Bar* im Hilton, unweit der Frankfurter Börse, traf sie sich mit zwei Kollegen, um den Feierabend mit ein paar Drinks einzuläuten. Der After-Work-Drink war so etwas wie ein Ritual der drei, dem sie so oft wie möglich nachgingen.

Katharina wusste genau, wie gut das Licht der Cavalli-Lampen sie in Szene setzte. Sie illuminierten perfekt das Interieur mit dem dunklen Holzboden, den niedrigen Sitzmöbeln aus Samt und nachtblauen Nischen mit schweren Samtvorhängen. Katharina war ein großer Fan von *Gekkos Bar* – benannt nach dem moralisch besonders verkommenen und auserlesen skrupellosen Finanzhai aus Oliver Stones Film *Wall Street* von 1987.

Die junge Investmentbankerin stolzierte zu ihrem Stammplatz und nahm auf einem der schweren Barhocker direkt an der Theke Platz. Verkleidet war die Thekenfront mit einer goldenen Kreditkarte. »Mammons Tresen« nannten sie das, als sei es ein Altar. Und an diesem Altar des Geldes warteten schon Siegmar Wankel und Brioni-Gerd, der eigentlich Gerd Schaller hieß und aus Prinzip keine anderen Anzüge als die der italienischen Luxusmarke trug. Die drei waren jung, hungrig und zockten täglich als Trader um aberwitzige Beträge. Und heute hatten sie einen besonderen Grund zum Feiern.

»Auf Katharina.« Siegmar Wankel hob sein Champagnerglas mit Veuve Clicquot brut. »Willkommen im Club der *›Two Nighters‹*.« Er prostete ihr überschwänglich zu

und verschüttete etwas von seinem Champagner. Nicht, dass es ihn kümmerte. Genau für solche Fälle bestellte Siegmar alle seine Getränke doppelt. Er konnte es sich leisten.
Ein ›Two Nighter‹ hatte zwei Nächte mit Arbeit komplett im Büro zugebracht, was einen noch einmal erheblich in der Achtung der Kollegen gegenüber einem ›One Nighter‹ steigen ließ.

»Ja«, sagte Katharina Sander ebenso amüsiert wie befriedigt. »Mit achtundzwanzig habe ich endgültig bewiesen, dass ich bereit bin, die Welt da draußen zugunsten eines neuen Herren aufzugeben.«

Die junge Frau empfand tiefen Stolz auf sich und ihre bisherige Karriere bei ihrem Arbeitgeber. Der wurde in Bankerkreisen die ›Na-Claro-Bank‹ genannt, weil hier auch Geschäfte getätigt wurden, vor denen seriösere Geldhäuser zurückschreckten. Katharina Sander war das immer egal gewesen, sie wollte ja schließlich keinen Preis für Ethik gewinnen, sondern fette Boni kassieren. Und mit ihrem erfolgreichen ›Two Nighter‹ war ihr endlich der Sprung auf die nächsthöhere Evolutionsstufe gelungen.

»Katharina, schwing nicht so große Reden. Wir sind hier alle Mammons Jünger«, sagte Brioni-Gerd scherzend und klopfte demonstrativ auf »Mammons Tresen«. Dabei übersah er jedoch die gerade erst von Siegmar erzeugte Champagnerlache. Sofort bildete sich ein Fleck am rechten Ärmel von Brioni-Gerds sündhaft teurem Jackett. Angewidert musterte er zunächst seinen besudelten Anzug und dann Siegmar, der wenig überzeugend entschuldigend mit den Achseln zuckte.

Katharina kannte die beiden gut. Sie wusste, dass sie schnell eingreifen musste. Gewöhnlich störte sie sich nicht an Streit unter Kollegen, doch heute Abend war ihr Abend und sie wollte ganz und gar im Mittelpunkt der Aufmerksamkeit stehen. Sie entschied sich daher, dass es Zeit war, die Falle zuschnappen zu lassen.

»Übrigens habe ich noch einen alten Ex-Kollegen eingeladen, um mitzufeiern. Ich hoffe, ihr habt nichts dagegen.«

Katharina schaute Brioni-Gerd und Siegmar Wankel erwartungsvoll mit vielsagender Miene an.

»Es ist deine Party«, entgegnete Siegmar und zuckte abermals mit den Schultern.

»Sag schon, wen hast du eingeladen?«, wollte Brioni-Gerd neugierig wissen. Sicherlich auch um sich von seinem beschmutzten Anzug abzulenken.

»Lasst euch überraschen«, antwortete Katharina mit einem vergnügten Lächeln. »Das wird auf jeden Fall ein Riesenspaß.«

»Riesenspaß klingt gut«, gluckste Brioni-Gerd.

»Ich habe die nächste Stufe erreicht, aber auf dem Weg dahin schon vor einiger Zeit einen guten Freund verloren«, begann Katharina. »Erinnert ihr euch noch? Wir hatten schon lange seine Geburtstagsfeier geplant, aber dann musste ich noch diesen großen Aktiendeal durchbringen. Da hat es ihm dann endgültig gereicht. Dabei war er nicht einmal eine schlechte Partie. Als Ingenieur hat er ja ganz gut verdient.«

Brioni-Gerd winkte hierauf lediglich verächtlich ab.

»Der wäre aber nie im Leben auf 100.000 im Monat gekommen. Ich sage immer: Lieber eine gute Beziehung verlieren als einen guten Aktiendeal. Gilt natürlich auch für eine gute Freundschaft«, fügte er lachend hinzu.

»Du hast nicht mehr in diese Welt der spießigen Eigenheime und Familienurlaube gepasst«, stimmte Siegmar Wankel mit ein. »Auf die neue Welt!« Die drei stießen schwungvoll mit ihren mit Veuve Clicquot brut gefüllten Gläsern an.

»Auf die Witwe«, sagte Katharina. »›Wie lieb und luftig perlt die Blase / Der Witwe Klicko in dem Glase!‹«

»Das ist doch von Wilhelm Busch«, bemerkte Siegmar, der sich plötzlich sehr clever fühlte. »Von dem stammt auch die Erkenntnis: ›Das Gute – dieser Satz steht fest – ist stets das Böse, was man lässt!‹«

»Ja, ja«, brachte sich Brioni-Gerd Schaller ungeduldig ins Gespräch ein. »Das kennen wir schon. Wollen wir nicht lieber etwas wetten?«

»Ich wette, ich habe heute die teuersten Schuhe an«, eröffnete Siegmar das Spiel. »Es geht nichts über 200 Jahre altes St. Petersburger Rentierleder aus dem Wrack der ›Frau Metta Catharina‹. Habt ihr schon davon gehört?«

»Nein«, erwiderte Katharina. »Was ist damit?«

»Taucher haben es vor der Küste Cornwalls geborgen. Schuhe aus diesem Leder trägt auch Prinz Charles. Das kostet natürlich. Unter 1.200 Euro ist da nichts zu machen«, prahlte Siegmar siegessicher.

»Da bin ich drüber«, verkündete Katharina hämisch und streckte elegant ihren linken Fuß vor. Die roten Sohlen ihrer lilafarbenen Louboutin-Stiefeletten waren aus Wasserschlangenleder. Katharina hatte sie erst vor Kurzem gekauft, denn sie passten perfekt zum schwarzen

Prada-Business-Kostüm und betonten ihre langen Beine. »1.500 Euro.« Doch weder Siegmar noch Katharina gewannen die 3-Liter-Magnum-Flasche Champagner. Es war mal wieder Brioni-Gerd, der den Vogel abschoss.

»LOBB heißt das Zauberwort«, machte er deutlich. »Ich sage nur: London, James Street Nr. 9, rahmengenäht, 3.200 Euro.«

»Mensch, Gerd, wie machst du das nur immer?«, wollte Siegmar Wankel aufgrund seines letzten Platzes in diesem Wettbewerb ein wenig zerknirscht wissen. Brioni-Gerd erzeugte eine dramatische Pause, indem er ausladend an seinem Champagnerglas nippte. »Mach die Kohle. ›*I don't care how you do it*‹. Kennt ihr die Sprüche nicht? Das Geheimnis ist, man muss sich dran halten«, donnerte er seinen beiden Kollegen voller Eifer entgegen.

Katharina rollte angesichts solcher Binsenweisheiten und Floskeln nur mit den Augen. Und sah dabei, wie sich der Barkeeper ihr zuwandte.

»Entschuldigung, Frau Sander.« Der Mann hielt Katharina ein Telefon entgegen. »Es ist der Empfang für Sie.«

Die junge Investmentbankerin übernahm das Telefon. »Ja? Katharina Sander.«

»Entschuldigen Sie die Störung. Aber hier ist ein Herr Schröder, der behauptet, er wäre Ihr Gast.« Die Stimme vom anderen Ende der Bar klang irgendwie unsicher.

»Stimmt. Lassen Sie ihn bitte rein.« Katharina konnte sich ein Lächeln in böser Vorfreude nicht verkneifen.

»Wie Sie wünschen.« Katharina meinte, so etwas wie ein kummervolles Seufzen am anderen Ende der Leitung zu hören.

Ein Mann im Bankertuch, das eindeutig schon einmal bessere Tage gesehen hatte, enterte die Bar. Das Gordon-Gekko-Klientel musterte ihn mit einer Mischung aus Neugier, Verwunderung und unverhohlener Abscheu. Sie kannten den Mann von früher, als er einer der ihren gewesen war. Schröder schien das nicht zu bemerken und steuerte direkt auf Katharina zu.

»Glückwunsch zum ›Two Nighter‹.« Er streckte ihr eine Hand entgegen, die Katharina geflissentlich übersah. Katharina merkte, wie Schröder kurz die Fäuste ballte. Aber dann wich das Feuer des Aufstands in den Augen dem müden Glanz der Niederlage, da war sie sich ganz sicher. Schließlich wollte er etwas von ihr: Geld, damit er wieder auf die Füße kam. Alle wollten immer Geld. Aber nur die wenigsten waren in seiner Beschaffung so begabt wie Katharina. Die Einladung zur Feier muss für Schröder eine wahrlich verheißungsvolle Frucht gewesen sein. Das erhoffte Zeichen mit dem sich sein Schicksal wenden sollte. Daher würde er vor ihr buckeln. Schröders Fäuste öffneten sich resigniert. Katharina entschied, in die nächste Phase ihres Spielchens überzugehen.

»Danke«, sagte sie voll gespielter Zuneigung und wandte sich anschließend an ihre beiden überraschten Sitzgenossen. »Die beiden Kollegen kennst du ja noch von früher.«

Schröder nickte den Männern zu, die seine Geste knapp erwiderten. Ihr ehemaliger Kollege Karl Schröder, genannt Karma-Karl, weil er immer auf der Suche nach seiner moralisch-ethisch-spirituellen Bestimmung war, schien nicht in bester Verfassung zu sein. Seine blonden Haare sahen aus, als hätte er sie selbst geschnitten. Das

Gesicht wirkte spitz und die ehemals strahlend blauen Augen wirkten irgendwie verwaschen und lagen ziemlich tief in den Augenhöhlen. Wer positives Karma für die Reinkarnationen mit Endstation Nirwana anhäufen oder etwa Pluspunkte fürs Jüngste Gericht sammeln wollte, ging offensichtlich einen Weg, der mühselig war und nicht mit fetten Boni gepflastert.

»Wie bist du denn hier reingekommen?« Brioni-Gerd wischte sich einen imaginären Fleck vom Ärmel, als hätte allein schon der Anblick von Karma-Karl seinen Anzug verschmutzt.

»Katharina hat mich eingeladen.«

»Karl«, sagte sie voll falscher Freundlichkeit. »Schön, dich nach all der Zeit wiederzusehen. Wie geht es dir denn? Erzähl doch mal.«

»Ich arbeite an meiner Erlösung. Wer andere Wesen quält, der hat kein Glück im nächsten Leben. Wer andere Wesen schont, der findet Glück im nächsten Leben. Das lehrt uns der Buddha. Ihr seid alle durch eure Taten für euer nächstes Leben verdammt«, schloss Karma-Karl mit dem Nachdruck echter Überzeugung.

»Im Augenblick kommt es mir so vor, als wärest du schon für dieses Leben verdammt«, bemerkte Brioni-Gerd Schaller mit einem feinen Lächeln.

Karma-Karl wich einen Schritt zurück, als wäre er von einer Wand der Ignoranz abgeprallt, die ohne jede Vorwarnung vor ihm aus dem Nichts aufgetaucht war. Er war irritiert und wirkte sehr hilflos.

»Aber Katharina hatte mir doch gesagt, dass ihr euch dafür interessiert und mir den Tipp gegeben, dass ihr das hören wollt.«

Die Männer schauten sich an. Was ging denn hier ab? Offenbar spielte Katharina eins ihrer Spielchen.

Die Investmentbankerin griff sich einen Cocktailspieß aus irgendeinem leer getrunkenen Glas auf dem Tresen und stupste Karma-Karl damit an.

»Lass dich nicht aus dem Konzept bringen. Mach einfach weiter.«

»Gerd, falls du meine Klamotten meinst: Das sind nur Äußerlichkeiten. Auf die inneren Werte kommt es an«, dozierte der Ex-Investmentbanker, der allmählich wieder Fuß fasste. Dabei lächelte er jenes entrückte Lächeln, das häufig jene auszeichnete, die felsenfest davon überzeugt sind, auf den Pfaden der Erlösung zu wandeln. Es war ein echtes Erweckungserlebnis gewesen, das aus dem strammen ›Two Nighter‹ Karl Schröder einen neuen Menschen gemacht hatte.

»Erzähl doch noch mal, was damals passiert ist«, forderte Katharina Karma-Karl Schröder auf.

Der ließ sich nicht zweimal bitten. »Es hatte damals nach einer ganz normalen Nacht ausgesehen. Wie üblich hatte ich schon die ganze Woche über unter Dampf gestanden. Wie üblich hatte ich etwas genommen, um damit klarzukommen.«

Katharina drehte sich in Richtung ihrer Kollegen, deutete hinter vorgehaltener Hand ein Gähnen an und wandte sich dann wieder Karma-Karl zu.

»Das ist ja wirklich spannend.«

»Ich saß souverän an meinem Arbeitsplatz in meinem Kommandosessel im Halbrund der leuchtenden PC-Schirme wie im Cockpit eines Raumschiffs, steuerte allein in der Nacht durch das Universum des großen Geldes.

Doch diesmal gab es eine Änderung im Programm, die mich zu einem anderen Menschen machte. Als ich von der Herrentoilette in das Großraumbüro zurückgekommen bin, sah ich ein seltsames Leuchten um meinen PC herum und hörte eine überirdische Stimme.«

»Du hast diesmal die Stelle vergessen, wo du dir auf der Herrentoilette ’ne Line von der Klobrille in die Nase gezogen hast«, bemerkte Brioni-Gerd Schaller lakonisch. »Du bist nicht der erste Kokser, der eine überirdische Stimme gehört hat.«

»Was hat die Stimme denn gesagt?«, wollte die Bankerin mit geheuchelter Neugier wissen.

»Niemand kann zwei Herren dienen: Entweder er wird den einen hassen und den anderen lieben oder er wird an dem einen hängen und den anderen verachten. Ihr könnt nicht Gott dienen und dem Mammon.«

»Das Problem ist nur, dass das außer dir keiner gehört hat«, sagte Katharina. Sie wippte leicht auf dem Barhocker hin und her und fügte dann spöttisch hinzu: »Schönes Erweckungserlebnis, über das du ja eine Weile in der Psychiatrie nachdenken konntest.«

In dem Augenblick war sich Karma-Karl Schröder sehr sicher, dass hier ein übles Spiel mit ihm getrieben wurde. Er war so etwas wie der dressierte Tanzbär, den Katharina als Extra auf ihrer Party fest eingeplant hatte. Aber ihm blieb nichts anderes übrig als weiterzutanzen, schließlich wollte er Geld von ihr.

»Gebt Acht, hütet euch vor jeder Art von Habgier. Denn der Sinn des Lebens besteht nicht darin, dass ein Mensch ein großes Vermögen anhäuft und dann im

Überfluss lebt«, verkündete Karma-Karl geistesabwesend. »Das hat Jesus gelehrt.«

»Lass gut sein, Karl«, sagte Siegmar Wankel mitfühlend und legte beruhigend eine Hand auf Karls Unterarm.

Karma-Karl wollte nur noch weg, aber vorher musste er noch etwas erledigen.

»Kannst du einem alten Freund helfen, wieder auf die Füße zu kommen? Du schwimmst doch in Kohle!«, versuchte er es bei Katharina.

»Karl, ich finde, dass du eindeutig zu sehr hinter dem Geld her bist«, bemerkte Katharina, die Stück für Stück die Schlinge zuzog. »Mit dieser Haltung schadest du doch bestimmt deiner unsterblichen Seele.«

»Komm schon«, sagte Karma-Karl Schröder.

»Reichen erst einmal hundert Euro?«, fragte Katharina und hielt ihm einen Schein hin, den sie wegzog, als er nach dem Geld grapschte.

»Hab Mitleid«, sagte der Mann, dessen eingefallene Wangen im Licht der Cavalli-Lampen gut zu erkennen waren.

»Mitleid? Was soll denn das sein? O Mann, ich habe dich wirklich mal bewundert. Damals war dir Mitleid völlig fremd. Was ist bloß aus dir geworden?« Sie musterte den Mann mit einer Mischung aus Eiseskälte und Verachtung.

»Gib mir das Geld, bitte«, flehte Karma-Karl.

Katharina entspannte sich und lächelte. Dabei gab sie sich ganz der Vorfreude grausamer Kinder hin, für die es eine Lust war, einer Fliege die Flügel auszureißen.

»Hüte dich vor jeder Art von Habgier«, entgegnete sie und ergänzte dann salbungsvoll: »Du warst einst mein

Bruder im Mammon, und ich werde dir helfen, damit dich deine Liebe zum Geld nicht in bitteres Leid stürzt.«

Jetzt hatte Katharina Sander genug von ihrem Spiel mit ihm. Es war Zeit, der Fliege die Flügel auszureißen. Sie zog ein kleines goldenes Feuerzeug aus der Tasche und zündete den Schein an. Die brennenden Reste warf sie in einen Aschenbecher und beobachtete, wie das bunte Papier schließlich zu schwarzer Asche zerfiel. Im Licht des Feuers nahmen ihre schönen Gesichtszüge einen bösen, ja fast dämonischen, Ausdruck an.

»Mann, Karl, für dich in deiner heutigen Verfassung muss das wirklich viel Geld gewesen sein. Was du dir davon alles hättest kaufen können …« Ihre Stimme klang honigsüß.

»Katharina, du hast ein Herz aus Stein. Und eines Tages werde nicht nur ich das sehen können.«

Karma-Karl Schröder wirkte tief verzweifelt, seine Stimme fast tonlos. Jetzt gab er auf. Und als er sich mühsam aus *Gekkos Bar* schleppte, war er endgültig ein gebrochener Mann.

»Katharina, meinst du nicht, dass du ein wenig übertrieben hast?«, fragte Brioni-Gerd, der Karma-Karl Schröder mitleidig hinterher sah. »Er war wirklich mal ein guter Mann, bevor er durchgeknallt ist. Außerdem ist er doch wirklich harmlos.« Dann beugte er sich zu Katharina vor. »Habt ihr nicht sogar mal was miteinander gehabt?«

»Das ist schon so lange her, dass es gar nicht mehr wahr ist«, entgegnete Katharina scharf. »Damals war er auch noch Karl Schröder und nicht Karma-Karl.«

Siegmar Wankel musterte die hübsche Frau, sah in die Eisaugen dieser blonden Schönheit und beschloss, dass es für heute genug war. Katharina bemerkte, dass die Gesichter ihrer Kollegen einen abweisenden Ausdruck bekamen. Was konnten die nur haben?

»Es ist spät. Ich muss jetzt nach Hause. Morgen geht es wieder früh raus.« Brioni-Gerd unterbrach die unangenehme Stille, die eingetreten war und gab zugleich das Zeichen zum Aufbruch.

Katharina atmete fast unhörbar auf. Dann konnte sie ja jetzt ihre volle Aufmerksamkeit dem interessant aussehenden Mann widmen, der nicht weit entfernt von ihr auf einem Barhocker in der noch gut besuchten Bar saß. Ein durchtrainierter Enddreißiger mit schwarzen Haaren, der einen legeren dunkelblauen Anzug mit rotem Einstecktuch zum blau-weiß gestreiften Hemd trug, aber auf eine Krawatte verzichtet hatte. Katharina Sander gehörte nicht zu den Frauen, die darauf warteten, dass der Mann die Initiative ergriff. Sie nahm Blickkontakt auf und winkte dem Fremden freundlich zu, der das völlig zu Recht als Zeichen verstand, sich neben sie zu setzen.

»Einen Veuve Clicquot brut für die Dame«, orderte er. »Und für mich einen Absinth. Ich heiße übrigens Jan.«

»Ich bin Katharina«, sagte sie.

»Wollen wir nach hinten gehen?«, schlug er vor. »Hier ist es so laut.«

Sie zogen sich von der Bar zurück und nahmen in einer Nische Platz. Dann sprachen sie miteinander. Katharina erlag der Magie seiner Stimme und wollte sich in seinen braunen Augen verlieren, die ihr wie dunkle Seen erschienen. Erst redeten sie miteinander, dann küssten sie sich und dann sagte Katharina dem Fremden, er solle mit zu ihr kommen. Katharina hatte Zeit, vor ihr lag ein freier Tag. Sie nahm ihre Prada-Handtasche vom Tisch. Der Fremde zog seinen dunklen Mantel an, bevor sie gingen, und warf sich lässig die Schlaufe eines Rucksacks über die rechte Schulter. Katharina bemerkte einen seltsamen Aufkleber, auf dem zwei Männerhände Rosenblätter so umschlossen, dass diese in eine Herzform gepresst wurden. Sie wollte danach fragen, aber dann küsste Jan sie, und Katharina vergaß ihre Frage.

Immer wieder hatte sie versucht, sich zu verlieben. Allein um sich zu beweisen, dass sie nicht zu diesem kalten und herzlosen Monster geworden war, das viele ihrer alten Freunde in ihr sahen. Zwar gab sie nicht mehr allzu viel auf ihre alten Freunde, aber eins sollten sie auf gar keinen Fall: Recht behalten. So etwas stachelte ihren Ehrgeiz an. Vielleicht würde es ja mit diesem Mann klappen.

Sie erinnerte sich an das, was Karma-Karl zu ihr gesagt hatte. Nein, sie hatte ganz bestimmt kein Herz aus Stein. Da ahnte sie noch nicht, dass sich Karma-Karl Schröders Prophezeiung noch in dieser Nacht als vollkommen wahr erweisen würde.

Herzlos

Sie küssten sich im Taxi auf dem ganzen Weg zu Katharinas Wohnung. Sie küssten sich im Fahrstuhl, und sie hörten damit nicht auf, als sie die Wohnungstür aufstießen und ins Innere des Lofts traten. Dann schob Katharina Jan sanft von sich.

»Einen Moment, ich will mir etwas Bequemeres anziehen.«

Sie durchquerte das Vierzig-Quadratmeter-Wohnzimmer mit dem Kamin und den Designermöbeln und ging in ihr Schlafzimmer. Als sie wieder herauskam, war sie barfuß und trug ein weißes Kleid, das sanft ihre Knie umschmeichelte, mit einem tiefen Dekolleté und einem weit ausgeschnittenen Rücken. Sie hatte ihr Verführungsprogramm im Kopf, welches sie routiniert abspulen würde, was immer so gut geklappt hatte. Doch diesmal hatte sie sich den Falschen mitgenommen.

»Ich mixe uns eine Bloody Mary«, sagte sie, machte sich an der Bar zu schaffen und bemerkte in ihrem Eifer nicht, dass ihr der Mann mit dem braunen Teint mit einer kleinen routinierten Geste weißes Pulver ins Glas schüttete.

»Du kannst gern auch ablegen«, sagte Katharina und machte sich mit geübtem Griff an seinem Gürtel zu schaffen. Es sollte das Letzte sein, was sie sagte.

Den Mantel hatte Jan schon ausgezogen und lässig über die Lehne eines großen weißen Ledersofas gelegt, zu dem Katharina ihn jetzt küssend zog. Kurz davor blieben sie stehen. Sie zog ihm das Jackett von den Schultern, dann folgten Hemd und Hose. Alles, was sie tat, wirkte routiniert und mechanisch, herzlos.

Jan war fast nackt, als die Wirkung des Pulvers einsetzte.

Kurz bevor Katharina im Drogennebel verschwand, hörte sie noch seine Stimme, eiskalt und voller mörderischem Spott.

»Ich fürchte, ich will es noch blutiger als Bloody-Mary-blutig«, sagte Jan und spürte, wie ihn die Vorfreude auf das blutige Finale durchpulste. »Und ich pflege zu bekommen, was ich will.«

Als die mit Drogen betäubte Schönheit zusammenbrach, entkleidete Jan sich vollständig, um zu vermeiden, dass Blut auf seine Kleidung spritzte. Dann streifte er sich ein Paar Chirurgenhandschuhe aus seinem Rucksack über. Er fesselte Katharina, bevor er sich erneut am Rucksack zu schaffen machte. Diesmal kam ein Dolch zum Vorschein. Die Scheide war mit altertümlichen Schriftzeichen graviert. Es waren Runen. Voller Ehrfurcht betrachtete er die heiligen Zeichen.

Es ist Zeit für das Menschenopfer!

Zärtlich streichelte er Katharina Sanders Gesicht und ihre langen blonden Haare, liebkoste ihre Brüste. In einer anderen Epoche seines Lebens hätte es vielleicht sogar etwas mit den beiden werden können. Aber das war Geschichte, jetzt konnte sie nur noch für ihn und seine heilige Mission sterben.

Die junge Frau spürte die Berührungen, weil die Drogen sie zwar benebelt hatten, aber sie nicht völlig weggetreten war. Sie bewegte die Lippen, fast so, als wollte sie etwas sagen. Aber da war nichts, außer einem undeutlichen Gemurmel.

Als Jan den Dolch aus der Scheide zog, spürte er, dass die eingravierten Runen in der Klinge nach Blut lechzten. In diesem Moment öffnete die junge Frau die Augen einen winzigen Spalt und sah das Messer. Das Letzte, was Katharina in ihrem Leben wahrnahm, war, wie Jan den Dolch in ihre Brust stieß. Der Schrei, der sich in ihrer Kehle geformt hatte, ertrank in einem nassen Gurgeln.

Jan blickte auf den massiven Tisch aus Chrom und Glas, auf dem die an Hand- und Fußgelenken gefesselte junge Frau lag. Sie breitete unter dem Zug der Fesseln ihre Arme und Beine aus, in Erwartung ihres blutigen Bräutigams, in Erwartung von ihm, Jan Godewill.

Er wusste genau, was von ihm erwartet wurde. Mit einem energischen Schnitt durchdrang sein Messer ihr Fleisch und bohrte sich zwischen den Rippen hindurch direkt ins Herz. Ihr winterweißes Kleid färbte sich blutrot.

Wie schön das alles ist, dachte Jan tief berührt. Dann drehte er das Messer und erweiterte die blutige Höhlung. Am liebsten hätte er das nun ein letztes Mal zuckende Herz der Schönheit aus dem Brustkorb gerissen und es in beide Hände genommen.

Der unbekleidete Killer, der nur Chirurgenhandschuhe und einen feinen Film von Katharinas Blut auf seinem Gesicht und Teilen seines durchtrainierten Körpers trug, ließ seine Arme sinken. Dann stimmte er ein Lied aus einem alten kirchlichen Gesangbuch an, erst leise, dann immer lauter werdend voller Inbrunst.

›*Gott wie ist doch die Natur zum Bösen so geneiget,*
dass sie stets sucht dieses nur,
was ihr der Mammon zeiget:
Das schnöde Geld,

regiert die Welt,
die Menschenkinder schreien,
nur Geld, das kann erfreuen.‹

»Katharina, ich hoffe, das Lied hat dein Herz erfreut«, sagte Jan mit vollem Ernst.

Er musterte die Leiche und verkündete mit der dröhnenden Stimme eines Priesters bei der Predigt von der Kanzel herab sein Credo: »Ihr könnt nicht Gott dienen und zeitgleich dem Mammon.«

Jan fühlte sich befriedigt, wie ein satter, böser Totengott. Mit kraftvollen Schritten kehrte er zurück zur Leiche der jungen Frau, unter der sich mittlerweile eine blutige Lache gebildet hatte.

»Ich bin Siegfried!«, verkündete er eindringlich, mit der gesammelten Kraft des Wahnsinns. »Ich habe den Drachen erschlagen und sein Blut wird mich unverwundbar machen, ohne eine schwache Stelle.«

Um sein Werk zu vollenden, ging er zum Sofa, fasste in seinen Mantel und holte eine stählerne Harfensaite mit Griffen und einen MP3-Player mit Kopfhörern heraus. Den Draht schlang er um den Hals der toten Katharina und zog ihn zu. Die Kopfhörer setzte er der Leiche auf, in deren toten Ohren nun das Geräusch eines schlagenden Herzens erklang, als er den Player einschaltete.

Danach holte er einen Pinsel aus seinem Rucksack und malte voller morbidem Elan mit Katharinas Blut ein Zeichen an die Wand:

Schließlich holte er sich einen noch feineren Pinsel und schrieb etwas auf ein mitgebrachtes Pergament:

›*Geld ist der Weg der Schlange und mästet den Wolf.*
Geld bringt Trost und Leben
Und Streit und Tod den Menschen.‹

Den Zettel schob er Katharina zwischen die Finger ihrer linken Hand. Zufrieden mit sich war er aber erst, als er Katharinas Zeigefinger der rechten Hand abgeschnitten und in einen kleinen Plastikbeutel im Rucksack verstaut hatte.

Er mochte diese Inszenierung, denn die machte den Unterschied zwischen einem rohen Schlächter und einer Tötung als Akt der Kultur und der Kunst, was sein Metier war. Einfach nur aufschlitzen konnte schließlich jeder. Er aber war ein Künstler mit einer göttlichen Mission.

Jan füllte noch etwas Katharina-Blut in eine kleine Phiole, die an einer silbernen Kette hing. Danach duschte er und beobachtete, wie rote Rinnsale in den Abfluss liefen. Ein Gefühl tiefer Zufriedenheit durchströmte ihn, während das warme Wasser an ihm herabrann und ihn reinigte. Dann machte er sich daran, sorgsam alle seine Spuren zu beseitigen.

Als er ging, blieben von ihm nur das Zeichen an der Wand, das Pergament zwischen Katharinas Fingern und der MP3-Player zurück – unverzichtbare Teile seiner großen Inszenierung. Dazu gehörte auch, dass später

Orffs ›*Carmina Burana*‹ über den Player erklingen würde. Er wollte, dass die Welt von ihm wusste und sein Werk bewunderte.

Im Morgengrauen eines Frühlingstages, für den fast schon sommerliches Wetter angekündigt war, trat der Killer aus der Eingangstür von Katharina Sanders Wohnhaus. Auf den Straßen war wenig los. Der Mann im schwarzen Mantel lächelte zufrieden. Er hatte einen weiteren Schritt auf dem Weg zu seiner Verwandlung getan. Sie würde ihn unangreifbar machen, doch bis dahin musste er sich noch vorsehen.

Auch deswegen fuhr er mit dem Zug in die Städte, in denen die Verwandlung stattfinden sollte, obwohl er mit seinem Learjet schneller gewesen wäre. Doch die Bahncard 100 bot ihm die perfekte Anonymität. Er kaufte einmal im Jahr eine solche Karte, 1. Klasse, um kein einzelnes Ticket mehr lösen zu müssen. Denn dann wäre sein Bewegungsmuster erkennbar gewesen. Schließlich hatten normale Fahrkarten einen Start- und einen Zielort.

Als er in die Stadtbahn einstieg, die ihn schließlich zum Frankfurter Hauptbahnhof bringen sollte, erklang in Katharinas leider tauben Ohren aus Jans MP3-Player bereits Orffs ›*O Fortuna*‹, der Chorsatz aus der ›*Carmina Burana*‹. ›*Fortuna Imperatrix Mundi*‹ – so war es, so ist es und so wird es bleiben.

Es war gut, wenn man ein Günstling Fortunas war.

Wie Jan.

Als er die Sonne feuerrot aufgehen sah, deren Strahlen den Himmel und die Scheiben der Stadtbahn färbten, dachte er euphorisch an die Nacht im Lebenssaft zurück, der ein Morgen mit dem Licht von brennendem Blut folgte. Für ihn war das ein Zeichen, dass sein Opfer angenommen worden war.

Ein tiefes Gefühl der Befriedigung erfüllte ihn und er streckte sich wohlig, wie ein sattes Raubtier.

Wolf

Am Frankfurter Hauptbahnhof angekommen, stieg Jan aus und betrat die Schalterhalle des Bahnhofs. Jan mochte Kopfbahnhöfe, weil sie auch für ein schier unerschütterliches Selbstbewusstsein standen. ›*Wenn du hier bist*‹, schienen sie zu sagen, ›*hast du wirklich alles erreicht, was man auf geradem Wege erreichen kann. Du musst nicht mehr weiterfahren, denn du bist an einem perfekten Ort angekommen. Steig aus und bleib!*‹

»Hast du mal ’nen Euro für mich?«, unterbrach ein Bettler Jans Gedanken und streckte ihm seine leicht schmuddelige Hand entgegen.

Jan musterte ihn, griff in seine Hosentasche, zog ein Bündel Geldscheine hervor und drückte dem überraschten Bettler 100 Euro in die Hand.

»Geld ist ein Trost für jeden Menschen. Und wer seinem Gott gefallen will, muss es reichlich austeilen. Lass nicht zu, dass dein Herz zu Stein wird, mein Freund«, sagte er, ließ den fassungslos wirkenden Mann stehen und schlenderte weiter zum nächsten Gleis. Dort stieg er in den wartenden Zug nach Hamburg. Jan suchte sich einen Platz in der 1. Klasse und zog den Mantel aus. Er ging auf die Zugtoilette, um sich mit seinem Akku-Rasierer zu rasieren. Denn in der Wohnung seines Opfers hatte er nicht riskieren wollen, feine Bartstoppeln zurückzulassen. Mit großem Wohlwollen betrachtete er sein glatt rasiertes Gesicht und die jugendlich straffe Haut. Cleopatra hatte angeblich in Eselsmilch gebadet, um sich ihr strahlendes Aussehen zu erhalten. Das war umständlich und sehr teuer, denn für eine Wanne brauchte man rund 200 Liter.

Bei Blut kam man dagegen mit einem Bruchteil davon klar. Es hatte offensichtlich denselben Effekt und man brauchte nicht einmal eine Badewanne. Das war also schon aus rein logistischen und ökologischen Gründen die bessere Wahl.

Jan spritzte sich kaltes Wasser ins Gesicht und trocknete sein Gesicht ab. Danach kehrte er an seinen Platz zurück, verstaute den Rucksack, stellte die Sitzlehne nach hinten, streckte sich aus und schlief ein.

Als im Schlaf dann das goldene Tier zu ihm kam, überflutete es ihn mit seiner Sonnenwärme und füllte ihn aus. Euphorisch fühlte er, wie er eins wurde mit der uralten Macht, als er seine Gestalt wandelte, den Weg des Menschen verließ, um auf dem Pfad der Bestie zu wandeln und eins mit ihr zu werden. Animalische Macht durchströmte ihn, als seine Krallen über schwarzen Stein schabten, der mit blutroten Nebelschwaden bedeckt war. Es war ein sehr leises und böses Klicken.

Sein gewaltiger Kopf tauchte aus dem Nebel auf und seine goldgelben Augen leuchteten in dem blutigen Dunst. Die Sonne der Bestie war aufgegangen. Und er liebte ihr Licht, in dem er die schlanke Frau mit langen blonden Haaren im weißen Kleid erkannte. Es war Katharina Sander, die vor Entsetzen schrie, während sie mit blutigen nackten Füßen vor irgendetwas auf der Flucht war. Dann sah er die Verfolger. Geisterwölfe aus den Abgründen längst versunkener Zeiten waren auf der Jagd und heulten einen blutroten Mond an, der sich den Himmel mit der Sonne der Bestie teilte. Als die Wölfe Katharina erreichten, verschwand sie in einem Wirbel aus grauen Schemen, Klauen und Zähnen.

Jan hörte ihre Knochen unter gewaltigen Zähnen brechen. Dann war auch er bei dem Rudel. Er schmeckte Blut und spürte, wie seine Zähne Fleisch durchtrennten und Knochen zermalmten. Es klang wie ein wildes Gebet aus Geruch und Gier. Schön und furchtbar und unstillbar gefräßig wie das Leben. Und die Bestie in Jan kannte die Worte von Anbeginn und sprach das ›*Gebet an den Grauen Gott*‹.

›Lass uns leben, Bruder, als wären wir noch eins.
Lass unsere Seele böse sein
Und unseren Hunger unstillbar.
Lass das Fleisch unserer Beute gut sein
Und ihr Blut köstlich.
Lass uns so grausam sein,
dass wir erkannt werden als die, die das Leben achten.‹

Die Geisterwölfe hatten ihn gesucht, und sie hatten ihn gefunden. Das Rudel jagte, und er würde bei ihm sein. So war es bestimmt vom Anbeginn der Zeiten. Die Wolfszeit war nahe.

Jan spürte im Schlaf den metallischen Geschmack von Blut im Mund und hörte eine Lautsprecherdurchsage, die über einen Unfall mit Personenschaden auf der Strecke informierte. Üblicherweise war das die Umschreibung für einen Selbstmörder, der vor den Zug gesprungen war. Dass der ICE hielt und es auch noch eine ganze Weile tun würde, bis die polizeilichen Ermittlungen abgeschlossen waren, baute sein Unterbewusstsein in Jans Traum ein.

Etwas hing zwischen Jans Zähnen fest. Als er sich im Traum auf der Zugtoilette mit dem Zahnstocher daran machte, die Störung zu beseitigen, fand er dort winzige

Fetzen, die aussahen wie weißer Kleiderstoff. Zuletzt hatte er so etwas an der toten Katharina Sander gesehen. Im Spiegel entdeckte er, dass seine Augen golden schimmerten und seine Eckzähne nach unten so spitz zuliefen, als wäre er noch immer nicht ganz vom Pfad der Bestie zurückgekehrt. Was er dort sah, war ein neues Wesen, ein Hybrid aus Mensch und Wolf, der die Unschuld des Tiers verloren hatte. Jan hatte ein Satz von Nietzsche immer sehr fasziniert, in dem der Philosoph den Menschen als das noch nicht festgestellte Tier bezeichnet hatte, was bedeuten konnte, dass Menschen in ihrem Verhalten nicht so festgelegt waren wie Tiere. Oder dass eben noch nicht festgestellt worden war, welche Art von Tier der Mensch ist.

Jan versank im goldenen Schimmer der Augen dieses neuen Menschentiers, die seine Augen waren, und bleckte triumphierend die Zähne. Eine wohlige Wärme durchströmte ihn, ein Gefühl ungeheurer, vitaler Macht.

»Wer einmal auf diesem Weg gegangen ist, wird ihn nie wieder verlassen.«

Jan lächelte sein Spiegelbild böse an. Dann hörte er zwei Frauenstimmen, so laut und deutlich, als würden sich die Frauen direkt vor der Toilettentür unterhalten.

»Hast du den Kerl gesehen, der da eben an uns vorbei aufs Klo gegangen ist?«

»Ja, war nicht zu übersehen. Der sah wirklich gut aus.«

Die Frauen stellten Mutmaßungen darüber an, ob er auch ein guter Liebhaber wäre. Dann kamen sie zu dem Schluss, dass es wahrscheinlich so sei, aber mit Sicherheit würde er nichts als Familienvater taugen. Jemand mit diesem Aussehen musste niemals Zeit investieren, um auch einen guten Charakter zu entwickeln. Denn der war ja eigentlich eine Kompensation für die Mängel, der nicht von der Natur so freundlich Beschenkten.

Jan genoss dieses Gespräch. Schließlich war er nicht ganz frei von kleinen Eitelkeiten, solange noch Menschliches in ihm war.

Als er die Zugtoilette verließ, standen da keine zwei Frauen. Aber er erkannte sie an ihren Stimmen und entdeckte sie erst weiter hinten im Großraumabteil in einer Entfernung, in der menschliche Ohren niemals ihr Gespräch mit solcher Klarheit hätten verfolgen können. Als er sich an seinen Platz setzte, witterte er ihre kaum verhüllte Gier und Erregung.

Als er sich später auf den Weg ins Restaurant machte, hörte, spürte und witterte Jan Dinge mit seinen enorm geschärften Sinnen, die ein Mensch niemals wahrgenommen hätte. Er spürte Furcht, Begehren und Liebe. Nichts entging ihm, sie waren ihm ausgeliefert, und er hätte nach Belieben seine Beute wählen können. Er war der Jäger, dazu bestimmt, die Herde zu reinigen.

Bei vielen spürte er eine namenlose Angst. Was darauf hindeutete, dass einfach die uralten Schichten des menschlichen Gehirns in ihrer kreatürlichen Wahrnehmung auf die Bedrohung reagierten, die von ihm ausging. Er fühlte seine Macht und wurde mächtiger, bis er die goldene Aura spürte, die ihn umhüllte und die alles um ihn herum überflutete.

Als er am weiß gedeckten Tisch im Speisewagen Platz nahm, winkte er mit einer herrischen Geste den Kellner heran.

»Sagen Sie Ihrem Kollegen, der in der Miniküche die Fertiggerichte prominenter Köche aufwärmt, dass ich einen Hirschbraten nehme. Und richten Sie ihm aus, dass er damit aufhören soll, seine Fahne mit Fisherman's Friends zu überdecken. Das funktioniert nicht.«

Der Kellner zog verblüfft die Augenbrauen hoch und protestierte.

»Mein Herr, wir trinken nicht im Dienst.«

»Bestimmt nicht alle. Kann es sein, dass ich einen leichten Cannabis-Geruch an Ihnen wahrnehme? White Russian, wenn ich mich nicht irre. Nicht länger als drei Stunden her. Mein Kompliment, eine gute Wahl, Sie sind ein Connaisseur.«

Der Kellner zuckte zusammen und verlor auf einen Schlag seine Angriffslust. Jan musterte ihn wie eine Fliege, der man die Flügel ausriss, nicht aus Grausamkeit, sondern weil man es konnte.

»Darf ich Ihnen noch etwas bringen?«

»Ja, ein stilles Wasser. Und richten Sie dem Lokführer aus, dass er einen Hirsch anfahren soll. Eigentlich mag ich das Fleisch nämlich lieber roh, dampfend warm, frisch und nicht aufgewärmt.«

Als Jan den Kellner genauer ansah, weiteten sich dessen Pupillen und auf der Stirn des Bediensteten machte sich ein feiner Schweißfilm breit. Jan roch die Angst des Mannes, der – wie jeder Mensch – noch genug von seinen prähistorischen Ahnen in sich trug, um die Bestie zu erkennen, wenn sie vor ihm auftauchte, auch wenn sie sich tarnte. Mit unsicherem Gang und leicht zitternden Knien entfernte sich der Kellner von seinem unheimlichen Gast und gab dessen Bestellung an seinen Kollegen weiter. Jan konnte jedes Wort verstehen.

»Du kannst den Hirschbraten aufwärmen. Aber eigentlich hätte der Gast das Fleisch offenbar lieber roh und blutig.«

»Wie kommst du denn auf so einen Mist?«

»Er hat gesagt, dass der Lokführer einen Hirsch anfahren soll, denn er bevorzuge das Fleisch, wenn es roh, dampfend warm, frisch und nicht aufgewärmt ist«, erklärte der Kellner, der um seine Fassung rang.

»Das ist doch mit Sicherheit ein Witz gewesen«, gab der Aufwärmer der Speisen zu bedenken.

»Das ist kein Mann, der Witze macht. Außerdem hat er gerochen, dass du Alkohol getrunken hast. Von da aus, wo er sitzt, kann das kein normaler Mensch. Und dann noch diese goldgelben Augen, mit denen er mich musterte, als wäre es ihm auch recht, wenn statt des Hirschfleisches meines auf den Teller kommt. Wobei ich das Gefühl hatte, dass er im Fall der Fälle auch durchaus auf Teller und Besteck verzichten kann und gleich seine Zähne in das Fleisch des Opfers schlägt«, sagte der Mann mit einer so zittrigen Stimme, als hätte der unheimliche Gast schon Maß an ihm genommen.

»Bisschen viel Aufregung wegen einer simplen Bestellung. Findest du nicht?«

»Schau ihn dir an«, sagte der Kellner.

Der Erwärmer der Speisen brachte Jan das Mineralwasser und kehrte zu seinem Kollegen zurück.

»Du solltest wirklich mit dem Kiffen aufhören. Das ist einfach nur ein Gast, wie viele andere auch. Und seine Augen waren auch nicht goldgelb, sondern braun.«

»Du kannst das nicht sehen, weil der Alkohol deine Sinne dumpf gemacht hat«, entgegnete der Kellner, wobei er ganz eindeutig hysterisch wirkte.

Als er Jan den Hirschbraten brachte, sprach dieser den Kellner eher desinteressiert an.

»Es ist vollkommen sinnlos, wenn Sie solche Geschichten weitererzählen. Was sind Sie nur für ein Kiffer, dass Sie glauben, Sie könnten Ihre Wahrnehmungen mit einem Trinker teilen?«

Das war der Moment, in dem sich der Kellner schwor, ein für allemal die Hände von den Joints zu lassen.

Jan blieb keine Zeit, sich darüber zu amüsieren. Etwas störte, ein Geräusch, das nicht hierher passte: lautes Kinderlachen.

Das Bild vom Bordrestaurant verschwand, und als Jan erwachte, fand er sich im Abteil wieder. Er blinzelte verwirrt und entdeckte zwei Kinder, die durch den Gang tobten. Jan hatte alles nur geträumt.

Aber er konnte sich noch gut an den Traum erinnern – den goldenen Wolf und die Jagd, sein Spiegelbild auf der Zugtoilette, seine enorm geschärften Sinne, die Szene im Speisewagen. Jan hatte geschlafen, aber das Tier war erwacht. Das war alles, was er wissen musste.

»Hört sofort damit auf und kommt zurück«, hörte er die Stimme einer Frau, die sich dann bei Jan entschuldigte. »Tut mir leid. Denen war einfach langweilig, und da sind sie losgestürmt, als ich einen Moment nicht aufgepasst hatte.«

»Kein Problem«, entgegnete Jan und lächelte wohlwollend. »Ich mag Kinder. Sie sind schließlich unsere Zukunft.«

»Wenn nur alle so verständnisvoll wären wie Sie«, freute sich die Mutter. »Gerade als Alleinerziehende musste ich mir diesbezüglich schon einiges anhören. Von Ihrer Sorte müsste es noch viel mehr geben.«

Dann sammelte sie ihre Kinder ein und verschwand.

Wenn die wüsste, dachte Jan und erinnerte sich an den Traum und die Botschaft der Bestie. Er hatte sich in einen Wolf verwandelt und der Wolf in ihn. Daraus war ein gänzlich neuartiges Wesen entstanden, das alle Fähigkeiten des Tieres mit der Intelligenz des Menschen vereinte. Jan begrüßte diese Transformation, denn er schmeichelte sich damit, dass verschiedene Seelen in seiner Brust wohnten.

»Die Wolfszeit ist nah. Bald werden wir eins sein. Ich bin bereit«, murmelte er halblaut.

Eine grenzenlose Euphorie durchströmte ihn bei diesen Gedanken. Jan genoss das Gefühl, und als er es zur Genüge ausgekostet hatte, holte er sein Notebook aus dem Rucksack. Er stellte es vor sich auf das Tischchen, und klappte es auf. Nachdem er sein Passwort eingegeben hatte, öffnete er eine Word-Datei: ›*Henri de Toulouse-Lautrec – das Gewissen der Bohème*‹.

Jan hatte einen guten Ruf als Kunstexperte, der gern für diverse Journale die eher ungewöhnlichen Themen anging. So hatte er Artikel verfasst mit Headlines wie ›*Welche Zeit messen Dalis Uhren?*‹, ›*Hieronymus Boschs dämonologisches Universum – ein Interview in der Hölle*‹ oder ›*Wie Picasso die Menschen wirklich sah*‹. Aktuell schrieb er für das Feuilleton der Neuen Zürcher Zeitung einen Artikel über den kleinwüchsigen Adligen Toulouse-Lautrec, der ein großes Herz für die kleinen Leute hatte. Mehr als den

Titel hatte er noch nicht, aber die Zeit im Zug ließ sich ja gut für solche Arbeiten nutzen. Jan notierte:

›Kurt Tucholsky lässt Toulouse-Lautrec vor dem Jüngsten Gericht auf die Frage des himmlischen Meisters ›Warum hast du dich in den Höllen gewälzt … deine Gaben verschwendet … das Hässliche ausgespreizt – sage!‹ antworten: ›Weil ich die Schönheit liebte.‹‹

Auch Jan liebte die Schönheit. Allerdings würde ihm niemand beim Jüngsten Gericht vorwerfen können, dass er seine Gaben verschwendet hatte. Er machte schließlich was daraus. Jan war sehr zufrieden mit sich.

Das wohlige Glücksgefühl eines satten Raubtieres begleitete ihn, als der ICE aus Frankfurt am Main in den Hamburger Bahnhof einfuhr. Scheinbar unablässig kamen Züge unter der gewaltigen stählernen Kuppel über den Gleisen zum Stehen oder gingen gerade auf Fahrt.

Ein perfekter Knotenpunkt im Netz eines Jägers wie Jan es war. Hier konnte er mühelos in dem täglichen Gewimmel untertauchen. Hier interessierte es niemanden, woher einer kam oder wohin er ging.

Die Villa

Schlicht als Jan hatte er sich in Frankfurt seinem neuesten Opfer vorgestellt. Da war er auf der Jagd gewesen. Doch in Hamburg wurde er wieder zu Jan Godewill, einem anerkannten Bürger der Hansestadt. Er verließ den Bahnhof, stieg in ein Taxi und nannte dem Fahrer die Adresse an der Elbchaussee. Jan Godewill war auf dem Weg in sein Stadtpalais.

Von diesem Gebäude aus, dessen strahlendes Weiß sich – je nach Jahreszeit – vom satten Grün des Rasens abhob oder mit der Schneedecke verschmolz, zog er die Fäden für seine Unternehmungen, als Sammler, Mäzen und sozialer Wohltäter. Er liebte seine Tarnung, und er liebte es, mit den Menschen zu spielen, die nur Marionetten für ihn waren. Ein böses Lächeln glitt wie ein dunkler Schatten über sein Gesicht. Er hatte die Kontrolle und niemand konnte sie ihm entreißen.

Als er die Büroräume im Souterrain betrat, betrachtete er zunächst die Kinderzeichnungen im Flur. Auf vielen der Bilder war er auf die Art gemalt worden, wie nur Kinder das hinbekommen; mit viel Liebe und Einsatz und nicht dem geringsten Gefühl für Linien und Proportionen. Er war mal riesenhaft groß, mal auf Normalmaß geschrumpft, mal aus ziemlich schiefen Rechtecken zusammengesetzt, mal aus Kreisen. Aber immer stand er inmitten der Kleinen und hatte riesige Geschenkpakete in den Händen. Auf die Bilder hatten die Kinder auch Sätze gemalt, wie ›Jann wür habben dich gaaanz toll liebb‹.

Er liebte diese Bilder, die aus Kindergärten und Schulen in sozial nicht sehr privilegierten Vierteln der

Hansestadt stammten. Hier verteilte seine Stiftung unter anderem Geschenke zu Weihnachten. Der Multimillionär und Alleinerbe eines großen Vermögens liebte die Kinder wegen ihres reinen Herzens.

Und er liebte sie auch, weil für Kinder Menschen und Fabelwesen gleich real waren. Der große böse Wolf existierte für die Kleinen wirklich. Genauso wie für ihn. Damit waren sie ihm sehr viel näher, als es die meisten Erwachsenen je sein konnten. Sein älterer Bruder und seine ältere Schwester waren damit nicht einverstanden gewesen, als Jan Godewill sein Herz für die sozial Schwächeren entdeckte, und wollten, dass er sie auszahlte.

»Ihr bekommt, was euch zusteht«, hatte er seinen älteren Geschwistern verheißungsvoll versprochen. *Und sie haben es bekommen*, erinnerte er sich und war immer noch sehr zufrieden mit sich, wie er diese Probleme gelöst hatte. Denn nur kurze Zeit später trieb die Motorjacht der beiden menschenleer nahe einer Schifffahrtsrinne auf der Nordsee. Er war sich sehr sicher, dass viele seiner Ahnen in ihren Mausoleen und Grüften ihm mit ihren Knochenfingern wegen seiner ruchlosen Tat applaudiert hätten, wenn sie denn nicht zum Vorteil der Armen geschehen wäre.

»Ist das nicht immer wieder süß? Dieser Dank kommt aus vollem Herzen«, hörte er die Stimme seiner Assistentin. Jan Godewill verließ seine Erinnerungen und wandte sich bereitwillig der Gegenwart in Gestalt dieser hinreißenden jungen Frau zu. Mit ihrem Prada-Kostüm, den High Heels von Louboutin und mit einer auffälligen blauschwarzen Tätowierung auf ihrer rechten Gesichtshälfte war sie schlicht ein exotisches Gesamtkunstwerk. Das

Tattoo war ein Mitbringsel von einer Südseeinsel, auf der sie lange gelebt hatte, bevor sie Jan Godewill begegnet war. Der hatte die Insel mit seiner Segeljacht bei einem Südsee-Turn angelaufen. Sie waren sich abends zufällig in einem Restaurant am Strand begegnet. Beide waren sie allein dorthin gekommen. Jan erinnerte sich noch sehr genau an ihr erstes Treffen.

»Hast du etwas dagegen, dass ich mich zu dir setze?«, hatte er gefragt und ihr sein charmantestes Godewill-Lächeln geschenkt. »Ich heiße übrigens Jan.«

»Ganz und gar nicht«, hatte sie geantwortet und eine einladende Bewegung mit der Hand gemacht. »Sehr erfreut. Ich bin Helena. Meine Freunde nennen mich Hel.«

»Hel wie die nordische Totengöttin? Die hätte ich eher auf Island vermutet als auf einer Südseeinsel«, sagte Jan und orderte eine Bloody Mary.

»Du solltest doch wissen, dass weibliche Wesen, egal ob menschliche Frauen oder Göttinnen nie das tun, was man von ihnen erwartet«, erwiderte Hel und bestellte sich ebenfalls eine Bloody Mary.

»Sieht sehr danach aus, dass wir einen ganz ähnlichen Geschmack haben«, sagte Jan und prostete ihr zu. »*Skål!*«

Hels Figur war ihm natürlich sofort aufgefallen – als hätten sämtliche Victoria's-Secret-Engel dafür zusammengelegt und ihr Bestes gegeben. Ihre Stimme aber hatte Jan regelrecht fasziniert. Und nicht nur ihn. Er hatte Hel und ihre Wirkung eine Weile beobachtet. Männer verfielen ihr, vergaßen, was sie vorhatten, blieben in ihrer Nähe und lauschten entrückt wie unter einem Zauberbann. Selbst seine hartgesottenen Bodyguards erlagen ihren sirenenhaften Lockungen. Als er sie über ihre

Headsets ansprach, reagierten sie mit Verzögerung. Und auch dann klangen ihre Stimmen so, als wären sie noch nicht ganz aus einem Traum erwacht. Das war eine Herausforderung für Jan. Ihn würde sie nicht kriegen.

»Was ist das Geheimnis deiner Stimme?«, hatte Jan sie damals gefragt, später am Abend.

Hel hatte ihn sphinxhaft angelächelt, wobei sie den Zeigefinger auf ihre Lippen legte.

»Ich bin sicher, du hörst nicht zum ersten Mal, dass du einen Mann allein mit deiner Stimme verhexen kannst«, hatte Jan gesagt und die geheimnisvolle Schönheit nochmals taxiert. »Aber bei mir funktioniert das nicht.«

»Ach. Was ist denn dein Geheimnis?«, hatte eine sehr interessiert klingende Hel gefragt und noch eine Bloody Mary geordert.

»Komm mit und finde es heraus. Vielleicht komme ich dann ja auch hinter deinen Trick.«

Das ließ sich Hel nicht zweimal sagen. Und so hatte sie das Notwendigste zusammengepackt und war Jan gefolgt. Seitdem hatte sie ihn rund um den Globus begleitet. Beide lebten ein Leben ohne festen Wohnsitz in den Luxussuiten der Nobelhotels dieser Welt und waren als Luxusnomaden mit Jans Learjet unterwegs. Es war ein Leben auf der Überholspur in Helikoptern und schnellen Autos. Einmal jährlich lud Jan seine Freunde zu einer Party an glamouröse Orte irgendwo auf der Welt ein.

Aber Jan gab nicht nur Geld aus, er verdiente auch Unsummen. Er war ein willkommener Investor, unter anderem bei sauberem Strom und erneuerbaren Energien. Und bei Immobilien, die er im großen Stil aufkaufte und aufwändig renovierte. Dabei hatte er ein bemerkenswertes Auge für Ästhetik. Sein Hauptaugenmerk lag auf historisch bedeutsamen und denkmalgeschützten Immobilien. So besaß er allein in Berlin achtzig Mietshäuser aus der Gründerzeit und kaufte Alt-Berliner Gewerbehöfe.

So viel Schönheit hatte natürlich ihren Preis, den die alteingesessenen Mieter meist nicht zahlen konnten. ›Sie können sich damit trösten, dass Sie Platz für die Schönheit gemacht haben‹, war Jan Godewills Credo.

Auch als Kunstsammler achtete er auf Schönheit. Aber Jan war eben nicht nur ein ausgesprochen erfolgreicher Geschäftsmann, sondern auch ein hingebungsvoller Liebhaber und ein passionierter Serienmörder.

Hel genoss den Luxus und den Liebhaber. Mit dem Killer pflegte sie einen pragmatischen Umgang. Es war eben nicht alles perfekt. Das war der Preis, den sie zahlen musste, was sie nicht weiter störte, weil sie ja nicht mit ihrem Leben zahlte. Andere konnten sich das nicht aussuchen. Sie zog mit Jan um die Welt und folgte ihm schließlich auch in die Villa an der Elbchaussee, nachdem er sich entschlossen hatte, nach all den Jahren das Nomadendasein zu beenden und sesshaft zu werden.

Vor Kurzem hatte Jan seinen achtunddreißigsten Geburtstag gefeiert. Wie alt Hel war, hatte er nie herausgefunden. Laut ihren Dokumenten war sie dreißig, aber da war ein Abgrund in ihren tiefen, dunklen Augen, den eigentlich nur ein Wesen haben konnte, das seit Äonen über den Planeten wanderte.

Er löste sich von Hels durchdringendem Blick, mit dem sie bis auf den Grund der Seele zu blicken schien.

Dann hörte er durch eine der geöffneten Bürotüren, was einer seiner vier Angestellten am Telefon sagte.

»Seien Sie ganz unbesorgt. Herr Godewill hat mir gesagt, dass er auch in diesem Jahr wieder eine große Summe spenden wird. Ja genau, Herr Senator. Wenn nur alle so wären.«

Jan betrat das Büro seines Angestellten und gab ihm zu verstehen, dass er den Hörer haben wollte.

»Moment, Herr Senator, Herr Godewill kommt gerade herein und möchte selbst mit Ihnen sprechen. Ich reiche Sie dann mal weiter.«

»Guten Tag, Herr Senator. Schön, Ihre Stimme zu hören. Sie sollen die Nachricht von mir direkt hören: Ich werde die Godewill-Stiftung mit noch mehr Kapital ausrüsten«, teilte der Multimillionär dem Senator seinen Entschluss mit. »Ich bin auf der Sonnenseite des Lebens geboren worden, mit einem goldenen Löffel im Mund sozusagen …«

Die Art, wie seine Familie über Generationen ihren Reichtum vermehrte, hatte nur wenig mit dem Edelmetall zu tun und bestand stattdessen häufig aus weniger Edlem. Seine Vorfahren hatten unter anderem ziemlich viel Geld mit Waffen verdient, die sie im großen Stil produziert und dann an Freund sowie Feind gleichermaßen verkauft hatten. Schwerter zu Pflugscharen war niemals ein Leitspruch der Familie gewesen. Eher ging es darum, Schwerter zu Gold zu machen und das Vermögen zu mehren.

»Jetzt möchte ich noch mehr für die Kinder und Jugendlichen tun, die es nicht so gut getroffen haben. Sie sollen ihre Chance im Leben erhalten, die sie sonst von Haus aus nie bekommen hätten. Ich will im größeren Stil

Kinder aus sozial schwachen Familien unterstützen, damit sie einen besseren Weg gehen können, als er ihnen vorgezeichnet ist.«

»Wenn alle wohlhabenden Bürger dieser prachtvollen Stadt nur so denken und handeln würden wie Sie«, sagte der hörbar ergriffene Senator. »Hamburg wäre eine noch bessere Stadt und auch die Welt wäre ein besserer Ort.«

»Aber, mein lieber Herr Senator, das ist doch ganz selbstverständlich. Wie heißt es doch so richtig: Wer viel hat, kann viel geben.«

Dann plauderte Jan mit ihm noch ein wenig über Themen wie das Hamburger Wetter und den Zustand des Fußballs in der Hansestadt. Schließlich verabredeten sie sich für eine Runde auf dem Golfplatz. Jan war sehr zufrieden mit sich, als er den Hörer auflegte.

Als er dann im Flur stand, von dem die Türen zu sechs Büroräumen – inklusive seinem eigenen und Hels Büro – führten, lächelte er triumphierend. Er konnte mit ihnen allen spielen. Sie hingen an seidenen Fäden, an denen er zog, wie es ihm beliebte. Oder die er durchschnitt, wenn ihm danach war.

Er betrat Hels Büro.

»Gibt es was Neues vom Gehöft?«

Das Gehöft war ein umgebautes Bauernhaus mit mehreren Nebengebäuden und komplett eingerichteten Ateliers für junge Maler. Sie lebten hier kostenlos direkt an der Elbe, rund dreißig Kilometer vor den Toren Hamburgs, und sie bekamen zusätzlich noch ein Stipendium aus Jans Privatschatulle. Überdies sorgte Jan dafür, dass ihre Bilder in renommierten Galerien ausgestellt wurden, und er kaufte ihnen selbst Gemälde ab.

»Es geht doch nichts über frische, unverbrauchte Kunst«, hatte er sein Credo verkündet und immer wieder unter der Hand Gemälde von den sorgfältig ausgesuchten Künstlern auf dem Gehöft gekauft. Allerdings hatte er beim Kauf eine sehr genaue Vorstellung davon, dass diese Bilder im Wert stark steigen würden – im Zweifelsfall dadurch, dass er zusätzlich dafür sorgte, dass der Künstler massiv gepusht wurde. Bei aller Liebe zu den jungen Talenten, es ging ihm natürlich nicht zuletzt ums Geschäft – schließlich war er ein Godewill.

Jan förderte nicht nur Maler, sondern auch junge Schriftsteller, die ebenfalls kostenfrei für ein Jahr auf dem Gehöft lebten und ein Stipendium erhielten. Denn er war überzeugt, dass man Geschichten- und Geschichtsschreiber immer brauchen konnte.

Er hoffte, dass sich die zusammengerechnet neun Maler und Schriftsteller nicht nur von der Umgebung, sondern auch von den anderen Stipendiaten inspirieren ließen. Das hatte immer wieder gut geklappt. Szenen aus Romanen waren in Bilder eingeflossen, und umgekehrt hatten Gemälde in den Romanen ihre Spuren hinterlassen. Außerdem waren auch schon einige Buchcover auf dem Gehöft entstanden. Und hier könnte auch jederzeit das Buch entstehen, das seine eigene Botschaft in die Welt tragen würde, wenn es so weit war.

»Nein, nichts Neues«, beantwortete Hel seine Frage. Anschließend schlug sie mit verführerisch klingender Stimme vor: »Gehen wir nach oben. Ich habe eine kleine Überraschung für dich vorbereitet.«

Jan genoss jedes Mal wieder das Leben in seiner Villa, die eine dunkle Vorgeschichte hatte. Das denkmalgeschützte, neobarocke Haus war Anfang des 20. Jahrhunderts für einen Hamburger Fabrikanten gebaut worden. Der hatte mit seiner Frau und den zwei Kindern hier ein glückliches Familienleben im Wohlstand geführt, bis ihn die Weltwirtschaftskrise von 1929 komplett ruiniert hatte.

Um seiner Familie ein Leben in Armut zu ersparen, hatte er die beiden Kinder, einen Jungen und ein Mädchen von nicht einmal zehn Jahren, in ihren Zimmern im Schlaf mit einem Kissen erstickt. Danach war er ins elterliche Schlafzimmer zurückgekehrt, hatte seine Frau liebevoll umarmt und ihr dann in den Kopf geschossen, bevor er sich den Lauf des Revolvers in den Mund gesteckt und abgedrückt hatte. Dabei waren Blut und Gehirnmasse auf die Seidentapete gespritzt und hatten ihr ein neues Muster hinzugefügt, dass kein Innenarchitekt in seinem Standardprogramm hatte. Im Laufe der Jahre hatte es weitere gewaltsame Tode in dem Haus gegeben. Die Villa stand wegen ihres Rufes als Todeshaus sogar eine ganze Weile leer.

Schließlich war eine Familie eingezogen, die dort lebte, bis die Kinder das Haus verlassen hatten und die Eltern dann ihren Ruhestand hauptsächlich in ihrem Zweitwohnsitz auf der thailändischen Insel Ko Phi Phi verbrachten. Auch weil die Hobbytaucher die fantastischen Unterwasserreviere dort liebten. Aber auch über Wasser hatte die Inselgruppe einiges zu bieten. Ko Phi Phi galt als eine der schönsten Inseln der Welt. Sie war vielleicht noch nicht ganz das Paradies, aber von ihren Stränden aus konnte man es ziemlich gut sehen, hatten die Hamburger immer wieder ihren Freunden erzählt.

Es sah so aus, als hätte das Haus seinen Frieden mit seinen Bewohnern gemacht. Die Familie schien von den grausamen Schicksalsschlägen, die frühere Bewohner getroffen hatten, verschont zu bleiben. Dann besuchten die beiden Kinder mit ihren Familien die Eltern auf Ko Phi Phi. Es war Weihnachten 2004. Am 26. Dezember traf eine Tsunami-Welle die Insel und löschte die Familie des bekannten ehemaligen Reeders komplett aus, zusammen mit gut 260.000 anderen Menschen inmitten des Indischen Ozeans.

Am Abend vor der tödlichen Welle hatte der Sohn der Familie noch bei Freunden in Deutschland angerufen und erzählt, dass sie am zweiten Weihnachtsfeiertag einen Dia-Abend in ihrem Domizil auf der fernen thailändischen Insel machen wollten. Dabei sollte ihre Zeit im Haus an der Elbchaussee noch einmal lebendig werden. Das hatten die Freunde Journalisten aus Hamburg erzählt, die über die Opfer der Katastrophe berichteten. Die hatten das gleich in einen Artikel eingearbeitet, der mit der Schlagzeile erschien: ›Der Fluch des Todeshauses‹. In dem Artikel hieß es:

›Immer wieder sind Menschen in der weißen Villa an Hamburgs nobler Elbchaussee gestorben. Zuletzt schien es, als sei dieser Fluch gebrochen. Doch die Familie, die das Todeshaus überlebt hatte, starb, mit seinem Bild vor Augen. Der Fluch hat sie eingeholt.‹

Die Geschichte über das Schicksal der Hamburger Familie und des rätselhaften Todeshauses war auch international in den Medien gelaufen. So hatte Jan sie mitbekommen, der zu diesem Zeitpunkt entschlossen war, sein Weltenbummlerleben zu beenden und sich niederzulassen. Bis dahin hatte Jan in den Luxussuiten der

Nobelhotels rund um den Globus gewohnt und war mit seinem Learjet unterwegs gewesen.

Jan Godewill war schon vor seinem Einzug in die Villa ein leidenschaftlicher Kunstsammler gewesen, was in der Familie lag. So hingen die berühmten Werke von Picasso und Klee an den Wänden des großen Hauses der Godewills. Er war damit aufgewachsen und mit der Tatsache, dass namhafte Künstler im Haus der Familie ein- und ausgingen. Bei einigen hatte Jan im wahrsten Sinne des Wortes auf dem Schoß gesessen.

Jan glaubte nicht, dass irgendein Fluch mächtig genug war, ihm zu schaden, vermutete aber zu Recht, dass eine Villa, die als Todeshaus galt, verhältnismäßig günstig zu erwerben war. Er hatte richtig vermutet und das weiße Haus an der Elbchaussee zu einem guten Preis gekauft. Er ließ die denkmalgeschützte Villa in enger Abstimmung mit dem Denkmalschutzamt mit großem Aufwand bis ins kleinste Detail sanieren und renovieren. Trotzdem steckte das Haus voll mit modernster Technik. Es war ausgestattet mit Solarenergiegewinnung und Regenwassernutzung. Nicht sichtbare Wandflächenheizkörper ergänzten die historischen Heizkörper. Im Souterrain fanden sich hochmoderne Büros, die über einen separaten Eingang zu erreichen waren. Außerdem gab es eine Tiefgarage, die sich vom Inneren der Villa aus durch eine Extratreppe betreten ließ. Hier stand unter anderem Jans Ferrari bereit. Er mochte das rote Kraftpaket auch, weil es ihn an die Farbe des Blutes erinnerte.

Hel und er verließen die Büroräume, die keinen direkten Zugang zu der Villa hatten, weil Jan das als Störung seiner Privatsphäre empfunden hätte. Als sie über die repräsentative Außentreppe, die mehr als zehn Meter hohe lichtdurchflutete Eingangshalle mit dem Stuck und den Deckengemälden im Hochparterre betraten, warf die Sonne Muster auf ihr langes schwarzes Haar. Welch eine perfekte Bühne doch ein schönes Haus für eine schöne Frau bot.

Von der Beletage mit ihrem Eichenparkettboden aus, die in hellen Elfenbein- und Sandsteinfarben gehalten war, führten Schiebetüren in angrenzende Räume. Dazu gehörten ein fünfzehn Meter langer historischer Spiegelsaal, das Jugendstil-Tulpenzimmer mit Art-déco-Elementen, der Herrensalon aus der Gründerzeit und zwei weitere helle Zimmer sowie ein Wintergarten mit anschließender Terrasse.

Jan genoss das Privileg, ein Mörder zu sein, dem es auch noch gut ging, wenn er nicht gerade tötete. Und der auch dann sein Leben genießen konnte, wenn er kein anderes nahm. Die Morde waren für ihn Arbeit, eine Pflicht, die erledigt werden musste, um ein höheres Ziel zu erreichen. Und Pflichterfüllung, ganz besonders für höhere Ziele im Sinne dieser Familie war etwas, das im Wertekanon der Godewills von jeher ganz oben gestanden hatte – auch für Jan.

»Wir sind noch nicht da«, lockte Hel mit ihrer Zauberstimme.

Jan zeigte sich beeindruckt, als sie vor ihm mit der Geschmeidigkeit und Eleganz einer großen Raubkatze in dem Art-déco-Treppenhaus zwei Stockwerke hinaufging. Ehrfürchtig begutachtete er ihren Hintern.

Schließlich erreichten sie die hundert Quadratmeter große Dachterrasse mit Elbblick. Viel zu früh, wie Jan fand. Er hätte diesem Hintern noch bis auf den Mount Everest folgen können.

»Ich habe uns einen kleinen Imbiss vorbereiten lassen«, sagte Hel, strich eine Strähne ihrer Mähne nach hinten, sodass ihr Tattoo gut sichtbar war.

Jan hauchte einen Kuss auf dieses Symbol aus dem Herzen der Südsee – oder von einem schlimmeren Ort. So etwas konnte man ja nie genau wissen, auch wenn man schon so weit in der Welt herumgekommen war wie der Mäzen und Mörder Jan Godewill.

In diesem Augenblick betrat Jans Butler die Dachterrasse mit einem Tablett mit einer eisgekühlten Flasche polnischen Belvedere Wodka, zwei Gläsern und Hälften von hart gekochten Eiern, aus denen das Eigelb entfernt und durch Beluga-Kaviar ersetzt worden war. Jan hatte ihn eingestellt, weil er beeindruckend fand, dass der Mann aus eigener Tasche rund 14.000 Euro für einen achtwöchigen Lehrgang in der renommierten ›*International Butler Academy*‹ bezahlt hatte, nur um seinen Lebenstraum zu verwirklichen.

Nicht dass Jan die Gedankengänge eines zum Butler Berufenen wirklich nachvollziehen konnte, aber diese Zielstrebigkeit hatte ihm gefallen. Neben dem Butler beschäftigte Jan noch eine Haushälterin.

»Lassen Sie das Tablett einfach stehen«, sagte Hel zu dem Butler. »Von nun an kommen wir allein klar.«

Hel machte in ihren Louboutins einen Schritt auf Jan zu.

»Was hast du eigentlich in diesem Rucksack?«, fragte sie.

»Du würdest überrascht sein«, antwortete Jan und stellte ihn auf dem Terrakottaboden der Terrasse ab. Hel goss Wodka in die Gläser und reichte ihm eins. Sie stießen an und leerten die Gläser, füllten sie und tranken nochmals.

»Trinken wir auf die Füße, die uns hergetragen haben«, zitierte Hel einen russischen Trinkspruch.

»›Glut strömte durch meine Adern und erfüllte mich mit dem Gefühl unbeschreiblichen Wohlseins – ich trank noch einmal, und die Lust eines neuen, herrlichen Lebens ging mir auf!‹«, konterte Jan mit E.T.A. Hoffmanns *Die Elixiere des Teufels*. Er mochte die Geschichte, weil auch er schon von den Elixieren gekostet hatte.

»›Ich bin das, was ich scheine, und scheine das nicht, was ich bin, mir selbst ein unerklärlich Rätsel, bin ich entzweit mit meinem Ich!‹«, antwortete Hel, die den ›*Elixieren*‹ auch einiges abgewinnen konnte.

»Wir passen wirklich gut zusammen«, sagte Jan mit Wärme in der Stimme.

Dann umarmte er Hel, küsste sie und dachte einen Augenblick an die Küsse, die er in Frankfurt mit Katharina ausgetauscht hatte, bevor er sie umbrachte. Katharinas Küsse waren voller Leidenschaft gewesen, aber ohne Tiefe. Sie hatten nur an seiner Oberfläche gekratzt, ihn aber nicht durchdrungen wie die Küsse von Hel. Als das Bild der Toten aus seinem Kopf verschwand, waren da nur noch Hels Lippen auf seinem Mund. Hel hatte den Tod weggeküsst. Er war in Hamburg in Sicherheit. Sollten sich doch andere um Katharina in Frankfurt kümmern …

Löwen und Gazellen

… was genau jetzt Kriminalhauptkommissar Harry Haller tat.

Welch ein Gemetzel, dachte der Ermittler, als er sich über Katharina Sanders übel zugerichtete Leiche beugte. Dabei kam leichte Bewegung in den Ansatz des Doppelkinns, das er seinem Übergewicht verdankte. Die offenen Augen der jungen Frau starrten glasig an die Decke. Schmeißfliegen umschwirrten die Tote und hatten damit begonnen, ihre Eier in die klaffende Brustwunde abzulegen, aus denen die Maden schlüpfen würden. Die Insekten waren offensichtlich durch die geöffnete Terrassentür gekommen.

Haller kannte das schon, er empfand das nicht als abstoßend, das war eben der ewige Kreislauf des Lebens. Nach seiner langjährigen beruflichen Erfahrung war das kein Problem für die, die an der Spitze der Nahrungskette standen. Für die anderen ging das meist sehr viel schlechter aus. Der Kreislauf des Lebens stellte sich für Löwen anders dar als für Gazellen.

In ihren letzten Augenblicken war Katharina Sander ganz offensichtlich eine Gazelle gewesen, auch wenn sie vorher als Bankerin wahrscheinlich zu den Raubtieren gehört hatte. Aber es gab eben oft einen noch größeren Räuber. Wer sie auch immer getötet hatte, er hatte sie nicht nur aufgeschlitzt, sondern ihr auch den Zeigefinger der rechten Hand abgeschnitten. Auf Hallers ganz persönlicher Jack-the-Ripper-Skala belegte diese Tat einen Spitzenplatz. Und das wollte bei seinen Erfahrungen und Erlebnissen mit nassen Sachen, wie Morde in der Sprache der Geheimdienste genannt wurden, wirklich etwas heißen.

Der Kriminalhauptkommissar hatte schon mehrfach mit Serienkillern zu tun gehabt. In der Regel hatten sie eine Trophäe genommen und bei einem abgeschnittenen Zeigefinger lag die Vermutung nahe, dass auch hier ein Trophäensammler am Werk war. Von da war es nicht weit zu dem Verdacht, dass er vor der Inszenierung eines Serienkillers stand. Ein Verdacht, den Haller überhaupt nicht mochte.

Die Aufklärungsquote bei Mord war mit sechsundneunzig Prozent seit Jahren gleichbleibend hoch. Viele Gewaltverbrechen waren Beziehungstaten. Da lag das Motiv auf der Hand – eine Verbindung zwischen Opfer und Täter ergab sich wie von selbst. Serienkiller waren nicht so leicht zu fassen, weil sie meist keine persönliche Beziehung zum Opfer hatten. Und so konnten sie unter Umständen jahrelang unentdeckt ihre Blutspur ziehen. Haller mochte sich das gar nicht weiter vorstellen, was auf Katharina Sander noch an Opfern folgen könnte.

Unter der Leiche hatte sich eine große Lache getrockneten Blutes gesammelt, ihr Kleid war ebenfalls blutgetränkt. *Lady in Red*, dachte Haller und summte die Melodie des Liedes von Chris de Burgh, die ihn an schöne Stunden mit seiner Frau erinnerte. Selbst er empfand das in diesem Augenblick irgendwie unpassend. Also verscheuchte er die Melodie aus seinem Kopf und musterte das, was die Spurensicherung schon in die kleinen Plastikbeutel gepackt und gesammelt hatte. Dabei fiel ihm ein Pergament mit roten Buchstaben auf. Er nahm den Beutel und las laut vor, was er sah.

›Geld ist der Weg der Schlange und mästet den Wolf.
Geld bringt Trost und Leben
und Streit und Tod den Menschen.‹

»Was ist das für ein Zeichen?«, fragte Hallers Assistentin und deutete auf das Symbol an der Wand.

»Weiß ich nicht«, sagte Haller und strich sich mit der linken Hand über Wangen und Kinn. Es wollte ihm einfach nicht einfallen, in welchem Zusammenhang ihm solch ein Zeichen schon einmal begegnet war.

»Anna, was das für ein Zeichen ist und welche Bedeutung es hat – darum wirst du dich nachher kümmern.«

Das Thema Geld passte zu einer Bankerin, das Pergament war offensichtlich auch ein Teil der mörderischen Inszenierung. Ansonsten wirkte Haller ziemlich ratlos und starrte erst auf die roten Zeilen, dann auf seine junge Kollegin, die beim Anblick der übel zugerichteten Leiche vorübergehend ihre jugendlich rosige Gesichtsfarbe verloren hatte. Aber auch sie schien nichts über die tiefere Bedeutung dieser Sätze sagen zu können.

Dann hielt er sein Ohr in die Nähe der Kopfhörer, die sie bei der Toten gefunden hatten. Auf dem MP3-Player lief reichlich laut ein wuchtiger Chor, mit dem Haller aber nichts anfangen konnte. In diesem Augenblick wünschte sich der Hauptkommissar ganz kurz, er hätte das große Interesse seiner Ex-Frau an Kultur geteilt. Sie hätte mit einiger Sicherheit mehr über den Chorgesang gewusst. Aber das Gefühl verging so schnell, wie es gekommen war. Es machte Platz für seine wohlgepflegte Ignoranz gegenüber allen Erzeugnissen der Hochkultur. Gut so, damit konnte er leben.

Haller musste mehr sehen und bat einen der Kollegen von der Spurensicherung, die Fesseln der Toten durchzuschneiden. Haller versuchte, einen ihrer Arme anzuheben, drehte dann die Tote leicht, sodass er ihren Rücken untersuchen konnte. Sie war steif, die Totenstarre war voll entwickelt.

Unter den Nägeln hatte Haller keinerlei sichtbare Spuren von Blut oder andere Hinweisen gefunden, dass sich das Opfer gewehrt hatte. Auch andere Abwehrverletzungen waren nicht zu entdecken. Haller gab der Kommissaranwärterin Anna Berg ein Zeichen näher zu treten. Die junge Frau hatte – ähnlich wie das Opfer – lange blonde Haare, die man momentan aber nicht sehen konnte. Sie steckten unter der Kapuze des Einmalschutzanzuges, den sie vor dem Betreten des Tatorts angezogen hatte. Auch Haller trug einen solchen Schutzanzug über seinem üblichen grauen Anzug und der dazu passenden Krawatte. Bei seinem Übergewicht fand der das nicht besonders schade. Aber unter Annas unförmigem Schutzanzug war eine sportliche junge Frau mit einer sehr guten Figur verschwunden.

Ich war auch mal schlank, erinnerte sich der Hauptkommissar wehmütig und gab so etwas wie einen mentalen Seufzer von sich. Aber mit Mitte fünfzig war eben das Beste der Figur unter den stetig wachsenden Jahresringen vergraben. Immerhin hatte er den jungen Leuten mit den Klassefiguren einiges an Wissen und Lebenserfahrung voraus und das war ein Pfund, mit dem er gern wucherte. Auf dem Weg zum Tatort hatte er die Anwärterin noch auf den neuesten Stand gebracht.

»Ich habe schon mit einem Siegmar Wankel telefoniert, bevor wir hierhergefahren sind. Das war ein Arbeitskollege der Toten. Mit ihm und einem weiteren Kollegen hatte sie vorgestern in *Gekkos Bar* ihren üblichen Absacker getrunken, diesmal allerdings offenbar auch noch verbunden mit einer kleinen Feier zu ihren Ehren. Gestern hatte sie ihren freien Tag. Aber als sie heute nicht in der Bank auftauchte, hätte er gleich gewusst, dass irgendetwas nicht stimmte, und den Concierge angerufen. Er hatte dann die tote Katharina gefunden und die Polizei sowie Wankel informiert, nachdem es ihm wieder besser ging. Das war um neun Uhr. Ich habe noch einen Kollegen gebeten, sich mit dem Hilton in Verbindung zu setzen, bevor wir losgefahren sind. Vielleicht hat der Barkeeper ja etwas gesehen.«

Als Anna dann neben Haller und der Leiche am Tatort stand, fing ihr Chef an zu dozieren, wobei er die junge Frau bedeutungsvoll anblickte. Junge Frauen lösten bei älteren Männern eigentlich immer diesen Reflex aus – bei jüngeren übrigens auch.

»Leichenstarre ist ein ganz normaler Prozess. Sobald das Herz aufhört zu schlagen, stoppt die Versorgung der Muskeln mit Sauerstoff und Nährstoffen. Sie können sich nicht mehr entspannen, weil ihnen der Energieträger, das ATP, fehlt. In der Folge verkrampfen sie sich und es kommt zur sogenannten Totenstarre, dem *Rigor mortis*. Das beginnt bei den Gesichts- und Nackenmuskeln und setzt sich von Kopf bis Fuß zu den größeren Muskeln fort, bis schließlich der ganze Körper nach rund dreißig Stunden steif ist. Danach lockern sich die Muskeln allmählich wieder, weil die Zersetzung begonnen hat.«

Anna schaute ihn erwartungsvoll an. Sie war sich sicher, dass ihr Chef das in diesem Augenblick von ihr erwartete, auch wenn er nur etwas wiederholte, was sie schon wusste. Sie sollte sich nicht täuschen. Haller bemerkte den Blick und war überzeugt, dass die junge Frau noch viel von ihm lernen konnte. Er deutete auf die Totenflecke, die er an den Stellen der Haut entdeckt hatte, die der Schnitt des Kleides freigab.

»Totenflecke entstehen durch das Stocken des Blutes in den Gefäßen. Ein Mensch, der auf dem Rücken gestorben ist, entwickelt die charakteristischen Flecke auf dem Rücken und am Gesäß. Ohne alles gesehen zu haben, vermute ich, dass Katharina Sander auf dem Rücken liegend ermordet wurde.«

Triumphierend sah Haller die junge Frau an. Um ihrem Vorgesetzten einen Gefallen zu tun, wirkte sie beeindruckt.

»Von dir kann ich noch viel lernen«, sagte sie mit gut und routiniert gespielter Überzeugung – was tat man nicht alles für die Karriere? – und bemerkte dann, während sie mit einer Hand eine weit ausholende Geste machte: »Noble Hütte.«

Haller fand das ein wenig flapsig, im Angesicht der Toten, aber sie hatte ja recht mit ihrer Bemerkung. Er konnte das gut beurteilen, auch weil seine Hütte alles andere als nobel war. Wenn es darum ging, wie in dem Werbespot mittels Fotos dem Gegenüber ›Mein Haus, meine Frau, mein Auto!‹ zu präsentieren, musste Haller nach der Scheidung bei Haus und Frau passen. Und sein Auto war ein uralter, leicht angerosteter Golf, der zwar gut zu den aktuellen Lebensumständen des

Kriminalhauptkommissars passte, aber nichts war, was man auch noch fotografierte.

Das galt auch für seine Zweizimmerwohnung in einem der nicht so noblen Stadtteile Frankfurts. Hier hauste er mehr als dass er lebte, mit überquellenden Aschenbechern und zumeist leeren Wodkaflaschen. So hatte er sich sein Leben nicht vorgestellt, aber seit wann richtete sich das Leben schon nach den Wünschen derjenigen, die es führen mussten?

Seine Ehe hatte gerade mal so eben die Silberhochzeit überstanden, bis sie vor drei Jahren geschieden worden war. Dabei hatte seine Frau lange Jahre Geduld mit seinen wenig familienfreundlichen Arbeitszeiten gehabt und die zwei Kinder – ein Junge, ein Mädchen – praktisch als alleinerziehende Mutter aufgezogen. Bis die Kinder schließlich aus ihrem Elternhaus ausgezogen waren, das genau betrachtet eigentlich nur ihr Mutterhaus war.

Eine Wohnung wie die von Katharina Sander machte ihm das Übel seiner jetzigen Existenz nochmals voll bewusst. Ein solches Loft hatte er sich zwar nie leisten können, aber immerhin hatte er sich damit trösten können, dass er eine prächtige Familie und eine verständnisvolle Frau hatte. Und sie hatten ja all die Jahre ganz gut gelebt. Das zählte auch was. Für ihn hatte es jedenfalls gereicht.

Aber dann hatte er endgültig über die Stränge geschlagen. Es war allein seine Schuld gewesen. Er hatte es vergeigt, weswegen er sich noch heute Vorwürfe machte. Dass etwas ganz entschieden nicht stimmte, hatte Haller bemerkt, als er in einem Restaurant vor einem leeren Tisch stand, an dem eigentlich seine Frau sitzen sollte. Sie wollten ihre Silberhochzeit feiern und Haller hatte ihr hoch und heilig versprochen, dass er pünktlich sein würde. Aber dann hatte es doch mal wieder länger gedauert, und er hatte danach noch einen kleinen Absacker mit Kollegen genommen. Hätte er das bloß nicht getan. Er kam natürlich zu spät zu dem Treffen. Weil hier nichts mehr zu machen war, hatte er das Restaurant verlassen und war niedergeschlagen in der Nacht verschwunden.

Danach war Haller endgültig zu einem sehr einsamen Mann geworden, weswegen ihm einige seiner beleseneren Kollegen damals den Namen ›Steppenwolf‹ gegeben hatten. Was eigentlich ganz gut passte und sich schließlich auch bei den weniger belesenen Beamten durchsetzte. Haller scherte sich wenig um gesellschaftliche Konventionen. Seine Eltern, späte Hippies und echte Bewunderer von Hermann Hesse, hatten ihrem einzigen Kind den Namen des anarchischen und einsamen Helden in Hesses Roman *Der Steppenwolf* gegeben: Harry Haller. Kein Wunder, dass es bei ihm so kommen musste, bei dem Namen.

Die Namenswahl durch seine Eltern hatte noch einen anderen Effekt auf den Hauptkommissar: Harry Haller machte nicht nur einen großen Bogen um alle Produkte der Hochkultur, sondern gleich um alles, was nur entfernt nach Kultur aussah. Das mit seinem Namen hatte ihm gereicht. An dieser Bürde trug er schon schwer genug. Er wollte sich bestimmt keine weiteren aus dieser Ecke aufladen.

Aber das war Vergangenheit, mit der Haller irgendwie fertig werden musste. Und das gelang ihm in der Regel dadurch, dass er sich in Arbeit stürzte. Im Hier und Jetzt strich er sich methodisch mit der linken Hand über Wangen und Kinn. Das machte er gern, wenn er nachdachte.

Doch heute fiel ihm das schwerer als sonst, weil es am Vorabend mal wieder spät geworden war, im *Moseleck*, seiner Stammkneipe. Die lag nicht, wie der Name vorgaukelte, am idyllischen Flussufer, sondern in der Moselstraße im Frankfurter Bahnhofsviertel.

Was Haller heute konkret zu schaffen machte, war der Wodka Bumm-Bumm, der auf einer Tafel für 2,50 Euro empfohlen worden war. Haller war neugierig gewesen, ob der Bumm-Bumm hielt, was er versprach. Es zeigte sich, dass hier keine Mogelpackung angeboten wurde. Woraus genau die äußerst wirkungsvolle Mischung bestand, hatte der Hauptkommissar nie erfahren und hatte es auch gar nicht so genau wissen wollen. Aber das konnte ihn nicht aus der Bahn werfen. Er war ein guter Polizist und hatte gute Aufklärungsquoten, das sahen auch seine Vorgesetzten so.

Haller lächelte selbstbewusst. Unverhofft klingelte sein Handy. Er verließ kurz das Loft, um das Gespräch im Treppenhaus anzunehmen. So war er sich sicher, dass er den Tatort nicht zu sehr verunreinigte, weil Gegenstände wie Fussel oder Schuppen und Haare unbemerkt auf den Boden fielen. Haller öffnete den Schutzanzug und zog sein Mobiltelefon aus der Hosentasche. Kein Smartphone, sondern ein uraltes Gerät. Natürlich. Mehr Moderne brauchte der Hauptkommissar nicht.

»Ja, Haller«, meldete er sich. Ohne selbst viel zu sagen, hörte er aufmerksam zu, während er gelegentlich die Fersen anhob und sein Gewicht auf die Fußballen verlagerte. Als das Gespräch beendet war, ging er in das Loft zurück und stellte sich neben seine junge Kollegin. Dann machte der Hauptkommissar erst einmal eine bedeutungsvolle

Pause, als wollte er die Spannung steigern, was ihm offenbar auch gelang, wenn er Annas erwartungsvollen Gesichtsausdruck richtig deutete.

»Wir haben über das Hilton erfahren, welcher Barkeeper gestern Nacht Dienst hatte und ihn aus dem Schlaf geklingelt.« Haller schob noch eine spannungssteigernde Pause ein. »Der Kollege, den ich dort hingeschickt habe, rief eben an und berichtet, dass der Barkeeper gesehen hat, wie Katharina Sander mit einem Mann gegen elf die Bar verlassen hat. Allerdings konnte der Barkeeper den Mann nicht sehr gut beschreiben, weil es sehr voll war, er daher reichlich zu tun hatte und ohnehin angehalten war, die Gäste nur wahrzunehmen, wenn sie etwas von ihm wollten, wie er sagte. Äußerste Diskretion sei eben das A und O in einer Bar auf dem Niveau des *Gekkos*.«

Haller zuckte resigniert mit den Schultern. »Da kommen wir nicht weiter.«

»Professionelle Nichtwahrnehmung«, kommentierte Anna und gab einen Seufzer von sich. Das hier war eine Sackgasse.

»Was es für uns nicht einfacher macht. Sie trifft einen Mann in der Bar, verlässt sie mit ihm gemeinsam. Ob sie ihn mit nach Hause genommen hat, wissen wir nicht genau, aber es ist zu vermuten. Es gibt keine Spuren eines gewaltsamen Eindringens. Sie hat also den Mörder freiwillig in ihre Wohnung gelassen, was für den Unbekannten aus der Bar spricht.«

Dann wandte er sich wieder der Leiche zu.

»Die Tote trägt etwas Bequemes, sie ist barfuß. Sie hat sich auf einen schönen Abend mit ihrem Mörder gefreut«, erklärte Haller dann der Kommissaranwärterin, die ihrem

Chef konzentriert zuhörte. »Sehen wir uns das Schlafzimmer an.«

»Sieht sehr ordentlich aus«, bemerkte Hallers Kollegin. »Das Bett wirkt wie frisch gemacht.«

Haller war klar, dass es eher nicht den Ermittlungen diente, sondern der Befriedigung von Annas Neugier auf die Garderobe der Bankerin, als sie den begehbaren Kleiderschrank öffnete. Haller hatte noch nie gesehen, dass seine Kollegin völlig erstarrte und regungslos mit offenem Mund dastand. Was sie erstarren ließ, war der Traum in Prada, Gucci, anderen edlen Marken und etwa dreißig Paaren Louboutins, der sich vor ihren Augen ausbreitete.

Dabei gab sie mit ihren Jeans, den Stiefeletten und der sportlichen Lederjacke aus dem Kaufhaus um die Ecke ein starkes Kontrastbild zum Inhalt des Kleiderschranks. Der stand für das bei vielen Frauen so gelobte Land, das Anna nie würde betreten können, nicht einmal ansatzweise, auch nicht auf der höchsten Gehaltsstufe, die sie überhaupt jemals in ihrer Laufbahn erreichen konnte. Der Eindruck verstärkte sich nochmals, als sie den Schmuck der Bankerin und ein Bündel Euroscheine fand.

»Harry«, sagte sie, als sie sich so halbwegs von der Wirkung erholt hatte, die der Inhalt von Katharina Sanders Kleiderschrank auf sie gehabt hatte, »Harry, Schmuck und Bargeld sind noch da. Das hat den Mörder offenbar überhaupt nicht interessiert.«

»Wie viel Geld ist es denn?«, fragte Haller. Den Wert von Schmuck zu schätzen, war nicht so einfach. Mit Bargeld war das etwas anderes, dessen Wert erschloss sich sofort. Die Anwärterin feuchtete Zeigefinger und Daumen der linken Hand an und zählte nach.

»30.000 Euro«, verkündete sie das Ergebnis. Haller hörte nur halb hin, weil etwas anderes seine Aufmerksamkeit voll beanspruchte.

»Da ist ja ihre Handtasche«, sagte Haller. »Bei dem, was Frauen alles mit sich rumschleppen, könnte das ergiebig sein.«

Anna warf einen schrägen Blick darauf.

»Ist natürlich von Prada«, sagte sie mit leichter Resignation in der Stimme, angesichts des Designerparadieses, dessen Pforten sich so nie für sie öffnen würden. »Ich könnte mir so was nicht leisten.«

»Kümmere dich schon mal um Sanders Notebook.«

Anna nahm das Gerät vom Nachttisch und schaltete es ein. Unterdessen öffnete Haller vorsichtig die Handtasche und entdeckte dort außer einem Lippenstift und dem üblichen weiblichen Krimskrams ein Smartphone und einen Briefumschlag mit Katharinas Gehaltsabrechnung. Angesichts der Summe erstarrte auch Haller für einen Moment in stiller Ehrfurcht. Dann entdeckte er noch etwas auf Katharinas Gehaltsabrechnung.

»Sieh mal an«, sagte er laut. »Das Mädchen war in der katholischen Kirche und hat brav Kirchensteuer gezahlt. Und das nicht zu knapp.«

»Harry«, meldete sich Anna, »das Notebook ist mit einem Passwort geschützt. Kann ich mal kurz das Handy haben?« Haller gab es ihr, aber das führte zu nichts.

»Natürlich ist das auch geschützt«, verkündete sie das Ergebnis ihrer kurzen Überprüfung.

»In Ordnung. Die Geräte werden von der Spurensicherung mitgenommen und dann von den Spezialisten ausgewertet.«

Haller wollte sich damit nicht lange aufhalten. Sie gingen zurück in das Zimmer mit der toten Katharina Sander. Der Gerichtsmediziner inspizierte gerade den Brustkorb der Leiche. Haller sah hin und pfiff hörbar durch die Zähne.

»Was ist?«, fragte die blonde Kommissaranwärterin gespannt und spähte in die klaffende Wunde.

»Er hat ihr nicht nur einen Stich ins Herz versetzt, er hat ihr auch etwas dagelassen.«

»Was?«

»Sieht aus wie ein miniaturisierter und vergoldeter Ziegelstein, den er in die Wunde geschoben hat«, sagte Haller, dessen Miene Erstaunen zeigte. »Sehr symbolträchtig. Eine Investmentbankerin mit einem vergoldeten Herz aus Stein und diese Zeilen über Geld … Unser Killer mag es bildlich.«

Haller wartete sichtlich auf eine passende Reaktion, welche dann auch prompt und pflichtschuldig kam.

»Klingt nicht so, als wäre das sein erster oder gar letzter Mord.«

»Nein. Das könnte durchaus weitergehen. Der Mann hat Erfahrung«, bestätigte Haller ihre Vermutung.

»Hätten wir dann nicht schon früher von ihm hören müssen?«, wollte Anna Berg mit professioneller Neugier wissen.

»Nicht, wenn er zuvor in einer Ecke der Welt gemordet hat, in der ein menschliches Leben nicht viel zählt und die Polizei unfähig und korrupt ist. Davon gibt es einige. Aber weiter zu unserem Fall. Wir müssen rausfinden, was auf dem MP3-Player läuft und was die Stahlsaite mit den Griffen um den Hals und das Zeichen an der Wand bedeuten. Bereite, wenn wir wieder in der Dienststelle sind, wegen des Symbols eine bundesweite Anfrage an die Kollegen vor, ob sie so etwas schon einmal gesehen haben. Und frag auch gleich nach der Saite um den Hals und dem MP3-Player. Und nach dem über dem Herz platzierten Mini-Ziegelstein. Vielleicht haben wir es ja mit jemandem zu tun, der es auf Banker abgesehen hat.«

Haller war sehr froh darüber, dass es die Möglichkeit zu einer bundesweiten Anfrage gab. Dies hatte sich immer wieder als hilfreich bei der Lösung von Fällen erwiesen.

»Das hätte uns gerade noch gefehlt – ein Bankermörder in einer Bankerstadt«, hörte Haller eine bekannte Stimme hinter seinem Rücken.

Er drehte sich um und sah sich Staatsanwältin Rebecca Strauch gegenüber, die ihn mit ihren stahlblauen Augen musterte. Die Juristin war fast in Hallers Alter, hatte sich aber sehr viel besser gehalten, was unter anderem an ihrem konsequenten Sportprogramm inklusive Jogging am Mainufer lag. Außerdem war sie stets elegant gekleidet, was man ihr aber im Augenblick nicht ansah, weil auch sie einen Einmalschutzanzug trug, als sie den Tatort betrat.

»Bringen Sie diese Sauerei schnell in Ordnung, Haller. So etwas können wir hier nicht brauchen.«

Haller musterte die Juristin mit kaum verhohlenem Unmut. Wer war sie schon, dass sie ihm Befehle erteilte? Gut, die Staatsanwältin. Aber hatte sie Ahnung von richtiger polizeilicher Ermittlungsarbeit? Die Frage behielt er sicherheitshalber für sich und deutete stattdessen auf die übel zugerichtete Leiche.

»Das konnte Katharina Sander auch nicht brauchen, trotzdem hat es sie erwischt.« Er fand sich sehr mutig, dass er so geistesgegenwärtig reagiert hatte.

»Ich verlasse mich auf Sie«, entgegnete die Staatsanwältin ungeduldig und wischte seine Bemerkung mit einer Handbewegung beiseite. »Sobald die Presse davon Wind kriegt, werden die sich in die Vollen legen. Und dann können wir alle einpacken.«

Haller wusste, was sie meinte. Der ›Bankerripper von Frankfurt‹ oder vielleicht auch der ›Ripper von Bankfurt‹ würde bundesweit in den Medien laufen. Gerade erst hatten die deutschen Banken sich um Milliarden verzockt, wofür die Steuerzahler eingesprungen waren. Doch mittlerweile rollte die Kugel im Kasino schon wieder, als wenn nie etwas gewesen wäre.

In der Bevölkerung kam das nicht gut an, umso mehr würde der ›Bankerripper‹ für größte Aufmerksamkeit sorgen. Die Verkaufszahlen für Zeitungen und Zeitschriften, die das Thema möglichst plakativ betrieben, und die Einschaltquoten für Sender, die offensiv rangingen, würden stark nach oben gehen. Und was sich gut verkaufte, wurde so lange weitergepeitscht, bis etwas Neues von ähnlicher Qualität kam, wobei der ›Bankerripper‹ immer wieder medial auferstehen konnte.

Das würde eine Zeit werden mit sehr aufgeregten Angehörigen des Polizeiapparates in höheren und höchsten Diensträngen, mit Staatsanwälten sowie Oberstaatsanwälten und Oberbürgermeistern sowie Ministerpräsidenten und sicher noch mit einigen anderen. Schon bei dem Gedanken daran fühlte sich Haller unbehaglich. Was wussten die Großkopferten schon von richtiger

Polizeiarbeit vor Ort? Sie würden ihm die Hölle heiß machen und ihn letztlich dabei blockieren, den Fall zu lösen, weil er sich ständig um diese Leute und ihre Forderungen kümmern musste.

Dass die Geschichte richtig Fahrt aufnehmen würde, war Haller klar. Er kannte genug Journalisten, die schon beim Mord an Katharina Sander zumindest die Frage stellen würden, ob der ›Bankerripper von Frankfurt‹ zugeschlagen hatte. Die Zeichen an der Wand und die rätselhaften Zeilen waren Quellen für Spekulationen, in denen sich die Presse mit Sicherheit ergehen würde. Aber jetzt musste er, Haller, erst einmal seine Arbeit vor Ort machen.

»Wissen wir, wann sie gestorben ist?«, fragte Haller den Gerichtsmediziner.

»Sie ist seit circa sechsundzwanzig bis zweiunddreißig Stunden tot. Näheres kann ich erst nach der Obduktion sagen.«

Haller musterte die Blutlache unter der jungen Frau, die mittlerweile getrocknet war, und die blutigen Fußabdrücke, die über den weißen Teppich direkt ins Bad führten.

»Der hat sich danach noch geduscht«, vermutete Haller.

Der Täter hatte ganz in Ruhe den Tatort verlassen. Keine Zeichen von Hektik oder Panik, der Mann ging kaltblütig und systematisch vor. Haller war sich sehr sicher, dass er es mit einem intelligenten Mörder zu tun hatte – allein wegen der Komplexität der mörderischen Inszenierung. Er hatte das ungute Gefühl, dass dieser Killer es ihm sehr schwer machen würde.

Der Kriminalhauptkommissar hatte fürs Erste genug gesehen, den Rest würde er den Kollegen überlassen. Haller verließ gemeinsam mit Anna Berg den Tatort, der jetzt endgültig dem schwarzbärtigen Gerichtsmediziner und der Spurensicherung gehörte.

»Und jetzt?«, fragte Hallers junge Kollegin.

»Jetzt rufe ich im Präsidium an. Die sollen zwei Kollegen schicken, welche die Nachbarn und den Concierge befragen sollen. Und davor können die dann auch gleich noch die Angehörigen von Katharina Sander benachrichtigen.«

»Und was machen wir?«

»Wir fahren zu ihrer Bank, ihrem Arbeitsplatz und sprechen mit Siegmar Wankel. Das hat jetzt absoluten Vorrang. Ich glaube nicht, dass wir bei ihren Arbeitszeiten viel von ihren Nachbarn erfahren«, sagte er zu der Anwärterin.

Er schaute aus dem Fenster und lobte still die moderne Technik. Früher hätten dort unten auf der Straße die Journalisten gelauert, weil sie alle den Polizeifunk abgehört hatten und auch sämtliche Codes kannten. Das ging nicht mehr, seitdem das digital lief. Heutzutage brauchten sie schon einen Informanten, der ziemlich häufig im Revier saß. Jetzt kamen die Tipps also direkt von der Polizei. Aber das konnte eben dauern.

Master of the Universe

Sie verließen den Tatort. Anna setzte sich hinter das Steuer des VW-Passat-Dienstwagens, ließ Haller einsteigen und fuhr mit ihm in Richtung der gigantischen Bankentürme.

Für Haller war die Stadt viel mehr als ›Mainhatten‹, wie Frankfurt in Anspielung auf seine Skyline genannt wurde. Zwar pulsten gewaltige Geldströme durch die Lebensadern der Mainmetropole, aber es gab auch noch ein Leben außerhalb dieser Ströme. So wie in den Äppelwein-Wirtschaften in Alt-Sachsenhausen, wo auf langen Bänken an Holztischen stilecht aus dem gerippten Apfelweinglas getrunken wurde. Dazu passten Rindfleisch mit grüner Soße, Handkäs oder schlicht eine Frankfurter Rindswurst. Wenn Haller von Kollegen nichts Gutes über seine Heimat hörte, antwortete er immer mit dem hessischen Mundartdichter Friedrich Stoltze: ›*… un es will merr Net in mein Kopp enei: Wie kann nor e Mensch net von Frankfort sei*‹

Die Gedanken des Hauptkommissars wurden unterbrochen, als Anna schließlich auf die separate Besuchereinfahrt in der Tiefgarage der Bank zusteuerte. Haller präsentierte dem Pförtner an der Sicherheitskontrolle vom Beifahrersitz aus seine Kriminaldienstmarke. Sie erhielten eilfertig eine Einfahrtserlaubnis. Mit einer Dienstmarke konnte man in Deutschland noch Eindruck machen. Allerdings hatte Haller berechtigte Zweifel, dass er damit die höheren Chargen in der Bankhierarchie beeindrucken konnte.

Nachdem Anna eine freie Parklücke angesteuert hatte, glitt sie mühelos und elegant aus dem Wagen, was sich von ihrem Chef nicht behaupten ließ. Der löste den Ausstieg zwar weniger geschmeidig, war danach aber voller Tatendrang.

»Lass uns noch mal rausgehen. Ich will mir das Ding von außen ansehen.« Haller war schon unterwegs.

Anna folgte ihrem Chef und sah, wie der sich gerade genüsslich eine Zigarette ohne Filter anzündete.

»Riesig«, bemerkte er, als sie auf dem Fußweg vor der gigantischen Konstruktion aus Stahl und Glas standen und nach oben blickten. »Weißt du, was der Unterschied ist – zwischen dem Turmbau zu Babel, mit dem der Mensch versucht hat, Gott gleichzukommen, und diesem Ding hier vor uns?« Haller erwartete keine Antwort, sondern gab sie sich nach einer Kunstpause selbst. »Ganz einfach. Dieser Turm wurde fertiggebaut. Lass uns reingehen.«

Am Empfang präsentierte er seine Dienstmarke. Es gab Momente, in denen er es genoss, wenn er damit so etwas wie mentales Hackenschlagen erzeugte – so wie jetzt. Einer der Pförtner begleitete Haller sowie dessen Kollegin diensteifrig zum Fahrstuhl. Aber vielleicht war er auch nur nervös, weil es nie ein gutes Zeichen war, wenn die Polizei auftauchte. Der Mann fuhr mit ihnen in die fünfunddreißigste Etage und brachte sie zu einem Besprechungszimmer, vor dem schon eine Sekretärin auf sie wartete und die Tür öffnete.

»Nehmen Sie schon einmal Platz. Die Herren kommen gleich. Möchten Sie einen Kaffee?«

Haller wollte einen mit reichlich Zucker und etwas Milch, während seine fitnessorientierte Kollegin ein Mineralwasser ohne Kohlensäure bestellte. Als wenig später zwei Männer mit teuren Anzügen in das Zimmer kamen, hatte Haller den Teller mit den obligatorischen Keksen auf dem Tisch im Besprechungszimmer schon halb geleert. Die gut gekleideten Herren musterten irritiert den Teller, bevor sie zuerst der jungen Frau, dann Haller die Hand gaben und sich vorstellten.

»Mein Name ist Wankel. Ich habe gleich den Kollegen Schaller mitgebracht, mit dem Katharina und ich uns immer zu unseren After-Work-Drinks getroffen haben.«

Dann nahmen auch sie an dem Tisch Platz.

»Wir sind immer noch erschüttert wegen Katharinas Tod«, sagte Schaller mit leiser Stimme und wischte sich anscheinend eine Träne aus dem Augenwinkel. Auch Wankel sah ausgesprochen mitgenommen aus, seine Stimme zitterte leicht.

»Als sie von ihrem Tod erfuhren, waren auch die anderen Kollegen sehr betroffen. Es gab eine spontane Schweigeminute für Katharina, in der die üblichen Geschäfte ruhten. Das zeigt das wirklich hohe Maß an Wertschätzung für sie.«

Er machte eine kleine Pause und senkte – offenbar übermannt von seinen Gefühlen – die Stirn in seine Handfläche. Als er den Kopf wieder hob, klang seine Stimme erregt.

»Wir hoffen alle sehr, dass Sie das Schwein finden, das ihr das angetan hat.«

Haller war sich ziemlich sicher, dass das Wort ›Schwein‹ nicht Teil des offiziellen Bankervokabulars war, zumindest nicht des laut ausgesprochenen.

»Sie können bei der Aufklärung helfen. Ich muss Ihnen ein paar Fragen stellen. War das mit dem Drink immer in *Gekkos Bar*?«

»Nein«, antwortete Schaller. »Wir wollten da Abwechslung und waren manchmal auch in anderen Bars.«

»Sie waren dort keine Stammgäste?«, fragte der Hauptkommissar und beugte sich nach vorn.

»Doch«, sagte Wankel, der sich wieder gefangen hatte. »*Gekkos Bar* hat uns am besten gefallen.«

»Der Barkeeper hat ausgesagt, dass Ihre Kollegin die Bar mit einem Mann verlassen hat. Können Sie dazu etwas sagen?«

»Da sind wir schon weg gewesen. Wir haben nicht einmal mitbekommen, dass Katharina eine entsprechende Bemerkung gemacht hätte. Aber es wäre nicht das erste Mal gewesen, dass sie eine Bar mit einem fremden Mann verließ«, erklärte Wankel. »Unser Job taugt eben nicht für geregelte Beziehungen. Nicht jeder ist mit jemandem zusammen, der diese Arbeitszeiten aushält. Und wenn man nicht mit einer Kollegin oder einem Kollegen etwas anfangen will, bleibt einem nicht viel übrig, wenn man mal auf schnellen Sex aus ist.«

»Hatte sie einmal eine feste Beziehung?«, wollte Haller wissen.

»Ja«, antwortete Schaller. »Sie war lange mit einem Ingenieur zusammen, bis Katharinas Beruf sie dann vor drei Jahren doch getrennt hat. Der Tropfen, der das Fass zum Überlaufen brachte, war wohl, dass Katharina lieber einen wichtigen Aktiendeal unter Dach und Fach gebracht hat, als mit ihm Geburtstag zu feiern. Katharina hat ihn uns einmal vorgestellt, als sie noch an eine Zukunft mit ihm glaubte. Netter Kerl, aber ein Langweiler. Ein Ingenieur, das sagt doch wohl schon alles.«

»Wissen Sie, was der jetzt macht?«

»Der ist damals für sein Unternehmen in die US-Provinz nach Chattanooga in Tennessee gegangen. Knapp 170.000 Einwohner. Das muss ein ziemliches Nest sein. An der Ostküste wird jedenfalls bezweifelt, dass du aus Chattanooga kommst, wenn du noch Zähne hast und Schuhe an den Füßen trägst«, erinnerte sich Wankel, der im Augenblick amüsiert wirkte. »Ich habe mir den Namen der Stadt gemerkt, weil der wirklich zum Brüllen komisch ist. Der Ingenieur hat Katharina manchmal geschrieben, und sie hat uns die Briefe laut vorgelesen. Er hatte geheiratet und war glücklicher Vater zweier Kinder geworden. Für ihn hatte sich sein Traum erfüllt. Katharina hat ihn noch vorgestern in Chattanooga angerufen, kurz bevor wir die Bank Richtung *Gekkos Bar* verlassen haben.«

»Wir fanden Katharinas Männergeschichten jedenfalls nie ungewöhnlich«, stieg Schaller wieder in das Gespräch ein. »Selbst haben wir das oft auch nicht anders mit Frauen gemacht. Einzige Bedingung war nur, dass unser Ritual dadurch nicht gestört wurde. Solange wir drei an einem Abend zusammen waren, durften die anderen das Objekt ihrer Begierde allenfalls ein wenig aus der Ferne anflirten.«

»Was hatte Frau Sander an diesem Abend an?«, schaltete sich Anna Berg in das Gespräch ein.

»Lilafarbene Louboutin-Stiefeletten aus Wasserschlangenleder und ein schwarzes Prada-Business-Kostüm«, antwortete Schaller und schob fast entschuldigend hinterher: »Das mit den Louboutins weiß ich so genau, weil wir gewettet hatten, wer die teuersten Schuhe trägt.«

»Ist Ihnen etwas Besonderes an Ihrer Kollegin aufgefallen?«, fragte Anna weiter. »Hat sie irgendetwas über Feinde gesagt?«

Wankel und Schaller sahen sich an und lächelten amüsiert.

»Feinde haben wir alle«, sagte Schaller schließlich und zuckte mit den Schultern. »Das gehört einfach dazu. Wenn Sie bei denen allen nur die Alibis prüfen wollen, sind Sie damit bis zu Ihrer Pensionierung noch nicht durch, junge Dame.«

»Gab es an diesem Abend in der Bar einen besonderen Vorfall?«, wollte Haller wissen und griff nach einem weiteren Keks.

»Da war irgendwas mit Karma-Karl, erinnerst du dich?« Schaller schaute auffordernd seinen Kollegen Wankel an.

»Wer ist Karma-Karl?«, fragte der Kriminalhauptkommissar sehr interessiert und hob mit einer minimalen Bewegung die Arme von den Stuhllehnen.

»Ein ehemaliger Kollege, der wegen ethischer Wahnvorstellungen den Job geschmissen hat. Es geht ihm seitdem wirtschaftlich offenbar sehr schlecht, was sich allein schon am beklagenswerten Zustand seiner Garderobe zeigt«, erklärte Schaller, dem das sichtlich unangenehm war. »Er war an dem Abend in *Gekkos Bar*, weil Katharina ihn eingeladen hatte. Er brauchte dringend Geld und hoffte, dass sie ihm helfen würde. Aber dann hat Katharina ihm selbst für ihre Verhältnisse ziemlich übel mitgespielt.«

»Sie hat so getan, als würde sie ihm einen Hundert-Euro-Schein schenken, den sie ihm dann aber vor der Nase weggezogen hat. Schließlich hat sie das Geld vor seinen Augen verbrannt«, ergänzte Wankel und fuhr mit zwei Fingerspitzen über die Schulterpartie seiner Anzugjacke, als müsste er etwas Schmutziges abwischen.

»Ich fand das so übel, dass ich mich genau daran erinnern kann, was Karma-Karl dann gesagt hat«, fügte Schaller mit missbilligendem Ton hinzu. »›Katharina, du hast ein Herz aus Stein. Und eines Tages werde nicht nur ich das sehen können.‹«

Der Banker hatte jetzt die vollkommene Aufmerksamkeit des Kriminalhauptkommissars, der seinen Block zog, um sich Notizen zu machen.

»Wie heißt Karma-Karl mit richtigem Namen?«

»Karl Schröder.«

»Haben Sie eine Ahnung, wo er wohnt?«, fragte Haller und schob sich noch einen Keks in den Mund. Viele blieben nun nicht mehr.

»Nein, keine Ahnung«, antwortete Schaller. »Aber so wie er wirkte, lebt er nicht auf der Straße, jedenfalls noch nicht. Er war zwar ziemlich runter, aber er sah noch nach Dusche und täglicher Rasur aus.«

»Können Sie den Mann beschreiben?« Als Haller das fragte, hatte er den vorletzten Keks schon heruntergeschluckt und langte nach dem letzten.

»Mittelgroß, hager, spitzes Gesicht, blaue Augen, die verwaschen wirken und irgendwie tief in den Höhlen liegen. Blonde Haare, die aussahen, als hätte er sie selbst geschnitten. Dunkler Brioni-Anzug, der an einigen Stellen schon speckig war«, memorierte Schaller. »Ich habe mir den Ex-Kollegen als warnendes Beispiel gut eingeprägt, falls ich mal einen Anfall von Ethik bekommen sollte. Hab jahrelang eng mit ihm in dieser Bank zusammengearbeitet. Danach hat er nirgendwo mehr einen richtigen Job gehabt. Aber ich glaube, er wohnt noch in Frankfurt.«

Haller erhob sich. Der Keksteller war ohnehin leer. Er gab damit auch das Zeichen für Anna aufzustehen.

»Fürs Erste wäre das alles. Wenn Ihnen noch etwas einfällt, können Sie mich gern anrufen. Sie bekommen noch Nachricht, wann Ihre Zeugenvernehmung im Polizeipräsidium erfolgt.«

»Machen wir gern, wenn das hilft, den Mörder zu finden«, sagte Wankel entschlossen.

»Sie können auf uns zählen«, fügte Schaller hinzu.

»Wir müssen noch den Arbeitsplatz von Katharina Sander durchsuchen und den Dienstcomputer sicherstellen. Gibt es da ein Problem?«

»Keine Ahnung, da müssen Sie schon unseren Chef fragen, Doktor Abelmann«, empfahl Schaller. »Soll ich Sie hinbringen lassen? Wir müssen wieder an die Arbeit, leider. Katharina hätte bestimmt nicht gewollt, dass wir wegen ihr unsere Arbeit unterbrechen.«

Auch Wankel erhob sich. Beide drückten zum Abschied Anna und Haller energisch die Hand. Haller und die Banker tauschten noch ihre Visitenkarten aus. Der Hauptkommissar reichte sie wortlos an Anna weiter, die sie ebenso wortlos in eine Tasche ihrer Lederjacke steckte. Dann verließen die beiden Polizisten den Besprechungsraum, vor dem schon dieselbe Sekretärin wie zuvor auf sie wartete.

»Würden Sie uns freundlicherweise zu Dr. Abelmann bringen?« Haller bemühte sich um einen möglichst verbindlichen Ton, der Umgebung angepasst. Der seriöse Umgangston stand allerdings im erheblichen Gegensatz zu den Geschäften, die hier getätigt wurden.

»Selbstverständlich. Er erwartet Sie schon.«

Haller und Anna folgten der Sekretärin über lange Flure, bis sie schließlich Abelmanns Büro erreichten.

»Furchtbare Geschichte«, sagte der Chefbanker statt einer Begrüßung. »Sie war noch so jung und hatte noch so viel vor sich!«

Mit seinen grau melierten Haaren wirkte er wie ein in Boss gemeißeltes Monument der Seriosität.

»Wie können wir Sie unterstützen?«

»Können Sie mir den Arbeitsplatz von Frau Sander zeigen?«

Der Banker übernahm das persönlich, führte Haller und Anna zu einer Art Kommandosessel im Halbrund leuchtender PC-Schirme. Haller erinnerte das an das Cockpit eines Raumschiffs. Ein passender Arbeitsplatz für einen ›Master of the Universe‹, wie diese Art von Bankern auch genannt wurden, die in den Kathedralen des Kapitals durch die unendlichen Weiten der globalen Finanzströme steuerten. Haller riss sich von dem Anblick los und wandte sich direkt an Abelmann.

»Wir müssen den Arbeitsplatz der Toten durchsuchen und den Computer sicherstellen.«

»Das geht klar«, erwiderte Abelmann freundlich.

Haller hatte nicht erwartet, dass das so leicht gehen würde, ohne jeglichen Protest. Hatte der Mann gewusst, dass bei einem ›Nein‹ ein Anruf bei der Staatsanwaltschaft genügte, damit eine Beschlagnahme und Durchsuchung telefonisch angeordnet wurde? Es hätte ihn nicht gewundert, wenn speziell bei dieser Bank schon die eine oder andere Erfahrung mit solchen Vorgängen bestand.

»Dann informiere ich die Datensicherungsgruppe und einen Kollegen, der die Durchsuchung durchführen wird. Anna, du wartest hier, bis du abgelöst wirst. Ich habe noch etwas Wichtiges vor. Du kriegst mich über Handy.«

Der Hauptkommissar fuhr mit dem Fahrstuhl ins Erdgeschoss und fingerte auf dem Bürgersteig erst mal eine Zigarette aus der Packung. Als sich Anna meldete, war Haller mit der Zigarette so weit durch, dass er den Rest auf den Boden warf und die glimmende Kippe mit dem rechten Fuß austrat.

»Der Kollege ist da.«

»Gut, wir treffen uns am Auto.«

Als die Kommissaranwärterin den Dienstwagen erreichte, hatte sich Haller schon auf dem Beifahrersitz breitgemacht. Nachdem sie die Tiefgarage verlassen hatten, zog der Hauptkommissar sein Handy aus der Tasche und drückte eine Kurzwahl.

»Ich will eine Meldeprüfung bei der Stadt Frankfurt«, forderte Haller. »Der Name ist Karl Schröder. Er ist ein wichtiger Zeuge in einem Mordfall. Ich brauche seine Anschrift.«

Als sie schließlich am Sitz der Kriminalpolizei im Präsidium ankamen, stellte Anna den Wagen in der Tiefgarage ab. Sie fuhren mit dem Fahrstuhl ins Büro. Haller nahm nie eine Treppe, wenn es sich irgendwie vermeiden ließ. Als sie aus dem Lift traten, blieb er kurz stehen, als müsste er verschnaufen.

»Anna, wenn du die Anfrage wegen des Symbols an der Wand und der anderen Dinge vorbereitet hast, bring sie mir. Ich gebe sie dann bundesweit an die Kollegen raus. Danach versuchst du, Sanders Ex-Freund in den USA zu erreichen.«

Haller machte eine kleine Pause und musterte Anna. »Weißt du, warum das wichtig ist?«

»Ja, na klar«, spulte die Anwärterin routiniert ihr Wissen von der Polizeihochschule ab. »Laut Statistik neigen Männer dazu, frühere Partnerinnen umzubringen. Intimizid, die Tötung des Intimpartners, ist eine echte Männerdomäne.«

»Genau«, bestätigte Haller wohlwollend. »Als Nächstes will ich, dass der Hausmüll von Frau Sanders Wohnanlage nach tatrelevanten Beweisen durchsucht wird. Bekanntlich werfen viele Täter nach dem Verbrechen gleich die Tatwaffe weg oder entledigen sich ihrer blutigen Kleidung.«

Die Anwärterin machte sich eifrig an die Arbeit. Währenddessen nutzte Haller die Gelegenheit für einen kleinen Plausch mit seiner Sekretärin Annette Rhein. Die war ungefähr in seinem Alter, was sie zur idealen Gesprächspartnerin für Themen machte, die Jüngeren nur sehr schwer bis gar nicht zugänglich waren, zum Beispiel das Umrechnen von größeren Euro-Beträgen in D-Mark. Zudem ließ die unverheiratete und kinderlose Frau ihre nicht vom Nachwuchs geforderte und damit für andere freie mütterliche Fürsorglichkeit komplett dem Hauptkommissar zugutekommen, den sie schon als jungen Polizisten kennengelernt hatte. Es hätte vielleicht schon vor einiger Zeit etwas werden können mit den beiden, aber

Haller war verheiratet gewesen und Annette fing aus Prinzip nie etwas mit verheirateten Männern an. Haller war zudem nie fremdgegangen. Nach seiner Scheidung hatten sie dann für eine kurze Zeit zusammengefunden und sehr schnell festgestellt, dass sie überhaupt nicht zueinander passten.

»Warst du gestern im Kino? Du wolltest dich doch mit deiner Freundin treffen?«, wollte Haller wissen und setzte sein freundlichstes Lächeln auf.

»Waren wir auch. Ein Liebesfilm. Und anschließend waren wir noch essen, bei dem Italiener, den du für uns damals für besondere Gelegenheiten ausgesucht hast.«

Haller fand nicht, dass sie diese Sache noch weiter vertiefen sollten. Er startete ein Ablenkungsmanöver.

»Hört sich nach einem gelungenen Abend an.«

»Das war es auch, bis wir die Rechnung im Restaurant in D-Mark umgerechnet haben. Neunzig Euro klang ja nicht so schlimm, aber das sind hundertachtzig Mark«, sagte sie unüberhörbar vorwurfsvoll und rückte die billige Hornbrille auf ihrer Nase zurecht, was sie immer tat, wenn sie sich über etwas ärgerte.

An Haller ging, wie immer, der Sinn der Geste komplett vorbei. Als das Telefon auf seinem Schreibtisch klingelte, schlenderte er lässig in sein Büro.

Er nahm den Hörer ab, meldete sich, hörte zu und sagte kurz angebunden: »Verstanden.« Was er da gehört hatte, gefiel ihm gar nicht. Haller ging mit energischen Schritten zu Anna Bergs Büro und riss die Tür auf.

»So ein verdammter Mist!«, rief er erregt und sein Gesicht spielte deutlich ins Rötliche. »Wir haben vielleicht den gesuchten Karl Schröder gefunden. Wenn er es ist, liegt er tot im Kühlraum des Krankenhauses Sachsenhausen. Von einem Bus überfahren. Nach Augenzeugenberichten ist er absichtlich vor den Bus gelaufen. Ruf Wankel und Schaller an. Die müssen zum Krankenhaus kommen, um ihn zu identifizieren.«

Anna holte eilfertig Wankels Visitenkarte aus ihrer Jacke und tippte seine Telefonnummer in ihre Tastatur. Wankel war sofort am Apparat.

»Wir brauchen Sie und Ihren Kollegen möglichst sofort im Krankenhaus Sachsenhausen. Es geht um Ihre ermordete Kollegin«, informierte sie ihn. »Wir sehen uns dann gleich vor dem Haupteingang.«

»Können Sie uns vielleicht ein wenig mehr sagen?«, fragte Wankel.

»Es könnte sein, dass wir Karl Schröder gefunden haben. Wir brauchen aber jemanden, der ihn identifizieren kann.«

»Klingt fast so, als ob die arme Seele endlich ihren Frieden gefunden hätte. Wenn es um Katharina geht, sind wir natürlich immer dabei.« Wankel klang immer noch sehr betroffen.

Bestimmt war es so etwas wie Nähe, aber sehr wahrscheinlich konnte er es einfach nur schwer ertragen, dass sogar die *Masters of the Universe* sterblich waren. Der erfahrene Kriminalhauptkommissar tippte auf das Letztere.

Als Haller und Anna in der Klinik ankamen, warteten sie nur kurz auf die beiden Banker, die bald darauf eintrafen. Dann gingen sie gemeinsam zum Informationsschalter und Haller zeigte seine Dienstmarke.

»Wir werden im Kühlkeller erwartet.«

Der Pförtner griff zum Telefon und wenig später erschien ein schmächtiger Mann im weißen Kittel und brachte sie in den Klinikhades. Er öffnete eines der Fächer, in denen die Leichen lagen, und zog einen der Toten mitsamt der Unterlage ein Stück heraus. Sein Gesicht war trotz des Unfalls noch gut zu erkennen. Haller bemerkte, dass die Banker nicht ganz bei der Sache waren und ungeduldig auf ihre teuren Armbanduhren sahen.

»Können Sie ihn identifizieren?«, wollte der Ermittler wissen,

»Das ist Karma-Karl«, sagte Schaller und Wankel nickte. »Es musste ein schlimmes Ende mit ihm nehmen, aber gleich so schlimm …«

Einen Moment sagte niemand mehr etwas. Dann schielte Wankel schon wieder verstohlen auf seine Uhr.

»Wir müssen wieder, schließlich sollten wir uns um die Lebenden kümmern.«

»Wie alle Vampire«, murmelte Haller.

»Wie bitte?«, fragte Wankel irritiert.

»Ach, nichts!«

Die Banker verabschiedeten sich und verließen mit eiligen Schritten den Kühlkeller, während ihr Ex-Kollege Schröder zurück ins Kühlfach geschoben wurde.

»Hat er irgendwelche Angehörige?«, fragte das Männchen im weißen Kittel den Hauptkommissar. »Es ist wegen der Beerdigung und der Kosten.«

»Diesbezüglich können wir Ihnen im Moment nicht weiterhelfen«, antwortete Haller leicht entnervt.

Sie machten sich auf den Rückweg zum Präsidium. Doch vorher musste der Hauptkommissar noch dringend vor der Klinik eine Zigarette rauchen. Als der letzte Zug genommen und die Glut verglommen war, spürte er, wie ein nagendes Hungergefühl in ihm aufstieg. Kein Wunder, schließlich hatte er das Mittagessen ausfallen lassen.

Dies hatte zur Folge, dass Anna auf dem Weg zum Präsidium rechts ranfahren musste. Kaum hielt der Wagen, steuerte Haller sofort auf eine Imbissbude zu. Die Kommissaranwärterin folgte ihm wortlos. Diesen Pfad war sie mehr als einmal mit ihrem Chef gegangen.

»Na, Harry, eine Rindswurst im Brötchen mit Senf?«, fragte der joviale glatzköpfige Mann hinter der Imbisstheke. Ein gewaltiger Bauch spannte sein weißes T-Shirt und wölbte sich über den Rand seiner leicht speckigen Jeans. »Und die junge Frau wie immer eine Cola light?«

»Anna, stell dir vor«, sagte Haller und musterte den Imbissbesitzer mit so etwas wie kollegialer Zuneigung. »Dieser Mann wäre fast mal dein Kollege geworden. Wir haben uns damals beide für den Polizeidienst beworben, aber er ist durch die Aufnahmeprüfung gerasselt, weil er nicht fit genug war.«

Die sportliche Frau hatte diese Geschichte nicht zum ersten Mal gehört und auch nicht das, was jetzt kam. Trotzdem tat sie sehr interessiert, weil sie im Laufe ihrer noch kurzen Ausbildungszeit schon gelernt hatte, dass es von Vorteil war, bei Äußerungen von Vorgesetzten grundsätzlich Interesse zu zeigen, wenn man Karriere machen wollte.

»Heute würde ich das auch nicht mehr schaffen. Ich rauche zu viel«, erklärte Haller. »Gib mir noch eine Rindswurst.« Na gut, vielleicht aß er auch zu viel. Bei dem Gedanken entfuhr ihm ein kleiner Seufzer. Da war einfach nichts zu machen, keine Diät hatte ihn bisher nachhaltig bremsen können.

»Ich vermute stark, du willst dann auch noch eine Dritte?«, fragte der Imbissbudenbesitzer.

»Nein, ich muss ein bisschen auf meine Figur achten.«

Das war der Moment, in dem Anna mit einem Prusten ihre Cola light ausspuckte und ihr Körper von einem Hustenanfall geschüttelt wurde. Fürsorglich schlug ihr Haller auf den Rücken. Dann verspürte sie einen Schlag, der sie fast umwarf. Der Imbissbudenbesitzer hatte seine Bude verlassen und ihr seine haarige Pranke in bester Absicht auf den Rücken gedonnert. Schreck und Schmerz stoppten Annas Hustenanfall augenblicklich.

»Hab gern geholfen«, kommentierte der Glatzkopf seine Aktion. »Man ist ja Gentleman.«

»Eins ist sicher, du kannst wirklich mit Frauen«, bemerkte Haller und beobachtete seine Kollegin, die in leicht gekrümmter Haltung dastand.

»Meinst du wirklich?«, freute sich der gescheiterte Polizeianwärter, dessen Gespür für Ironie noch nie besonders gut entwickelt gewesen war.

Auf dem Weg zum Dienstwagen bemerkte der Hauptkommissar, dass Anna ziemlich wackelig auf den Beinen war, wahrscheinlich durch den Schlag auf den Rücken. Er bot ihr seinen Arm an, damit sie sich unterhaken konnte.

Als ein älteres Ehepaar an ihnen vorbeiging, hörte Haller die Frau sagen: »Vater und Tochter. Das merkt man doch gleich.«

Harry dachte wehmütig an seine eigene Tochter, die ihm vorwarf, dass er sich im Zweifelsfall immer für seine

Arbeit und gegen seine Kinder entschieden hatte. Das war kein schönes Gefühl!

Einen Moment genoss er es, als liebevoller Vater einer Tochter gesehen zu werden. Doch die Idylle war jäh beendet, als das Handy des Hauptkommissars klingelte. Augenblicklich entzog er der jungen Frau seinen stützenden Arm und griff nach dem Mobiltelefon in seiner rechten Jackentasche. Anna wäre fast gestürzt, fing sich dann aber und stand wieder ganz allein, wenn auch ziemlich wacklig auf den Beinen. Der Anruf kam von Hallers Sekretärin, die sehr aufgeregt klang.

»Wir haben eine erste Antwort auf die bundesweite Anfrage bekommen. Ein Kollege hat das Symbol erkannt.«

»Und?«, fragte Haller gespannt.

»Es ist ein altgermanisches Schriftzeichen, eine – warte, ja, eine Rune. Sie heißt Fehu. Ich lese dir vor, was der Kollege gesagt hat. Diese Rune steht für Gold, Geld und beweglichen Besitz. Und für Energie. Sie wird dem Element Feuer zugerechnet. Für die Germanen bedeutete auch eine Viehherde Wohlstand. Der Text auf dem Pergament gehört auch zu Fehu. Jede Rune hatte ihr eigenes Gedicht und man schrieb ihnen magische Eigenschaften zu.«

»Wie viele Runen gibt es denn?«, wollte Haller wissen. Sein Instinkt sagte ihm, dass hier etwas Übles heraufzog.

»Moment«, antwortete Annette. Haller hörte am anderen Ende das Rascheln von Papier.

»Kommt darauf an. Es gibt Runenalphabete mit sechzehn, achtzehn, vierundzwanzig und dreiunddreißig Einzelzeichen.«

Haller hatte in seinem Berufsleben eine Art professionellen Pessimismus entwickelt.

»Dann wollen wir mal sehr hoffen, dass hier nicht jemand versucht, die Runenreihe abzuarbeiten und dieses Fehu an der Wand von Katharina Sanders Loft erst der Anfang war. Woher wusste der Kollege das mit den Runen?«

»Er hatte das von seinem Partner gehört.«

»Und warum hat sich der Partner nicht selbst gemeldet?«

»Weil er aus der geschlossenen Abteilung der Psychiatrie heraus schlecht telefonieren kann und nur noch ein Wort sagt – oder präziser, nur noch ein Wort schreit, nämlich ›Vitki‹. Ich habe das natürlich auch gleich gegoogelt.«

Sie ist doch ein echter Schatz, dachte Haller mit Freude und hörte, wie sie wieder in ihren Notizen blätterte.

»Möchtest du wissen, was ich herausgefunden habe?«

»Aber natürlich. Das hilft uns sicher.« Haller spürte förmlich, wie sehr sich Annette über das Lob freute.

»Ein Vitki war nach den Vorstellungen der Germanen ein Runenmeister, ein Magier mit der Fähigkeit zum Gestaltwandeln, der zum Beispiel als Wolf umherstreifte. Unheimlich, oder? Er konnte mächtige Flüche wirken und das Schicksal der Welt mit den Runen nach seinem Willen formen.«

»So etwas wie ein Priester?«

Anna raschelte schon wieder vernehmlich.

»Nein, solch ein Vitki war ein Einzelgänger, der keinen Dämon beschwören musste, um einen verheerenden Zauber zu bewirken. Mehrere von ihnen heißen übrigens ›Vitkar‹. Und die Schlimmsten unter ihnen ritzten ihre Runen in die Knochen von Menschen, die sie ermordet hatten. Diese Runen färbten sie dann mit dem Blut ihrer Opfer, was ihnen eine ganz besondere Macht verleihen sollte. Wirklich unheimlich, oder?«

Jetzt ahnte Haller, warum der Zeigefinger des Mordopfers Katharina Sander abgeschnitten worden war. Und er konnte nicht behaupten, dass ihm das besonders gefiel. Nein, das gefiel ihm ganz und gar nicht.

Vitki

ᛁ ᚲᚺ ᚹᛁᛏᚲᛁ ᚹᛁᛚᛚ

Diese Zeichen schrieb Jan mit energischen Strichen in roter Farbe auf ein blaues Stirnband. Dann band er es sich um. Die rituellen Substanzen der Runenhexer hatte er bereits zu sich genommen. Auf deren Schwingen wurden die Vitkar in die Neun Welten getragen. Jan war voller Vorfreude auf diese spirituelle Reise und erwartete sie aufrechtstehend, den Kopf leicht in den Nacken geworfen, als wollte er einen nahen Himmel betrachten.

»Ich, Vitki, will«, sprach er energisch aus, was er geschrieben hatte.

Ein Gefühl der Macht durchströmte ihn. Er spürte ein Kribbeln im ganzen Körper.

»Ich bin mein Wille und mein Wille ist alles.«

Er lächelte triumphierend und ballte die Hände, die locker an der Seite herabhingen, zu Fäusten, bis die Knöchel weiß hervortraten. Die tiefe Zufriedenheit des geborenen Siegers erfüllte ihn, er war mit sich und der Welt im Reinen.

Jan benutzte als Grundlage für seine Runenschrift keine der alten Sprachen, schließlich war es das 21. Jahrhundert, und er wollte die Magie der Runen in der Gegenwart entfachen. Seine Runenzeichen bildeten die Sprache Buchstaben für Buchstaben ab, wie sie jetzt gesprochen wurde, nur dass er statt des profanen lateinischen Alphabets Zeichen der Kraft verwendete.

Jan stand im ersten Stock im Altarraum seiner Villa. Der Raum hatte rote Wände, die Farbe, die den Runen besondere Stärke verlieh. Jan trug eine blaue Hose und eine rote Tunika, die traditionellen Farben der runischen Hexenmeister. Barfuß ging er mit energischen Schritten auf eine Art Terrarium mit Maden zu. Seine nächste Trophäe sollte jetzt fertig sein.

Er griff in das Gewimmel und zog einen Knochen heraus. Die Tierchen hatten mal wieder ganze Arbeit geleistet. Katharina Sanders vom Fleisch befreiter Zeigefinger war bereit für höhere Weihen. Vorfreude auf das Ritual erfüllte Jan und zauberte einen fanatischen Glanz in seine Augen.

Er nahm eine kleine Säge in die Hand. Damit trennte er sorgfältig das untere Fingerglied ab. Er mochte das. Jan hatte eine handwerkliche Ader und Laubsägearbeiten hatten ihm schon als Kind viel Spaß gemacht. Den Rest würde er nicht mehr brauchen. Er warf ihn in einen Behälter aus Polyethylen, der mit einer Säure gefüllt war. Sie würde den Knochen restlos auflösen.

Der Raum war leer, bis auf einen großen reich mit Schnitzereien verzierten Altar aus Eschenholz, auf den Jan das abgesägte Fingerglied legte. Mit einem feinen Messer ritzte er die Rune Fehu in Katharinas Knochen. Er färbte sie rot mit dem Blut der jungen Frau, welches er aus der Phiole nahm, die an einer silbernen Kette an seinem Hals hing. Dabei sang und sprach er den Namen der Rune, um Kontakt zu der tiefen Kraft in sich herzustellen.

»Fehu! Fehu!«

Die Rune Fehu prangte blutrot auf dem weißen Knochen.

»Da bist du ja, meine Schöne«, murmelte Jan und betrachtete zufrieden sein Werk mit glänzenden Augen.

Er empfand eine tiefe Freude. Seine Rune würde bald fertig sein. Er konnte schon das Knistern der ungeheuren Magie spüren. Denn Runen, die in die Knochen von Menschenopfern geritzt und mit ihrem Blut gefärbt wurden, waren besonders machtvoll, wie Jan wusste. Mit weit ausgebreiteten Armen stand er vor dem Altar, neben einem Schutzkreis aus Runen, der üble Kräfte fernhalten sollte. Jan würde alle Kräfte brauchen und in sich aufnehmen, auch die üblen. Er hatte keine Furcht vor ihnen. Schließlich war er kein Priester.

Jan nahm stehend die Fehu-Körperhaltung ein. Die Beine hatte er seitwärts geschlossen, Arme und Hände in F-Form nach oben ausgestreckt.

»Fehu«, sang und sprach Jan. Dann streckte er die Hände in Höhe der Brust nach vorn und spürte, wie sich zwischen den Fingerspitzen ein Energiefeld aufbaute.

»Ginnungagap!« Jans Stimme klang fest und bestimmt. Das musste sie auch, denn er begab sich jetzt auf gefährliches Terrain. Ginnungagap – das war die große Leere, die schon vor der Schöpfung bestanden hatte.

»Ginnungagap! Ich begehre deine Zeichen der Macht. Gib mir die Macht von Fehu. Ich, Vitki, will.«

Jan spürte das Chaos. Und das Chaos hörte Jan. Es tanzte einen wilden Tanz in ihm, und Jan tanzte mit dem Chaos. Er sah, wie sich gewaltige Feuerräder drehten, unablässig nahm etwas Form an und zerfloss sofort wieder. Grauenhafte Riesen mit feuerroten Augen reckten sich, griffen nach ihm und fielen zusammen zu schwarzem Schleim, der in zähen Bächen durch Ginnungagap floss. Dann sah er die gigantische feuerrote Rune, und er spürte, wie die Kraft von Fehu in ihm machtvoll pulsierte und wuchs, bis ihr Feuer ihn ausfüllte.

»Ich rufe die Macht von Yggdrasil und der Neun Welten«, rief Jan ekstatisch.

Er spürte, wie sich die Kraft aufbaute, wie sie ihn bei seiner Geistreise entlang des Weltenbaums Yggdrasil mit den Neun Reichen verband. Seine Macht wuchs und wuchs.

Er schritt über die gewaltige Regenbogenbrücke Bifröst. Heimdall, der Wächter, ließ ihn passieren. So gelangte er nach Asgard, der riesigen Himmelsburg des Göttergeschlechts der Asen mit den zwölf Palästen der Götter aus Gold und Edelsteinen.

Goldene Speere bildeten die Gitter, Gold verzierte Wände und Böden, und die Decken waren geschmückt mit den Schilden der Helden. Jan trat vor den Thron des Göttervaters Odin, der in alle Neun Welten gleichzeitig sehen konnte, entbot seinen Gruß und hörte den Gott sagen:

›Ich weiß, dass ich hing am windigen Baum
neun lange Nächte,

vom Speer verwundet, dem Odhin geweiht,
mir selber ich selbst,
am Ast des Baums, dem man nicht ansehn kann
aus welcher Wurzel er spross.
Sie boten mir nicht Brot noch Meth;
da neigt' ich mich nieder
aus Runen sinnend, lernte sie seufzend:
Endlich fiel ich zur Erde.‹

Dieser Baum war die Weltesche Yggdrasil. Odin hatte durch sein Selbstopfer die Macht der Runen verstanden. Jeder Vitki musste diese Kraft immer wieder seinem Selbst zugänglich machen. Jan empfand Ehrfurcht vor diesem Weg.

Und dann stellte ihm Odin, der erste und bisher größte aller Runenmeister, die rituellen Fragen der Vitkar:

›Weißt du zu ritzen? Weißt du zu erraten?
Weißt du zu finden? Weißt zu erforschen?
Weißt du zu bitten? Weißt Opfer zu bieten?
Weißt du, wie man senden, weißt, wie man tilgen soll?‹

»Ich weiß«, antwortete Jan mit fester Stimme. »Ich bin mein Willen.«

Er ruhte in seiner Macht, selbst die Gegenwart des Gottes beeindruckte ihn nicht sonderlich. Jan war auf dem Weg, der größte und mächtigste Vitki zu werden, den es je gegeben hatte. Nichts konnte diese Transformation aufhalten.

»Komm und sieh in die Neun Welten«, sagte Odin mit Ehrfurcht gebietender Stimme. Er ließ Jan einige Stufen zu seinem Thron erklimmen, von wo aus man die Neun Welten sah.

Das mächtige goldene Asgard, errichtet vom Göttergeschlecht der Asen. Sie hatten die Vanen in einem grausamen Krieg besiegt, lebten jetzt aber in Frieden mit ihnen. Jan erblickte die unbezwingbare Mauer, die zwölf Paläste der Götter schützte, zwölf Himmelsburgen aus Gold und Edelsteinen. Er fühlte die pure Macht, die von Asgard ausströmte, und sonnte sich in ihr.

Eine ganz andere Kraft kam von Vanaheim, dem grünen Reich der Vanen. Es war die Macht der ewigen Fruchtbarkeit und der Vegetation. Jan spürte die Stärke der Natur und hieß sie willkommen.

Dann war da Lichtalfheim, die herrliche Welt der Lichtelfen. Ein Reich der ätherischen Leichtigkeit, der freundlichen Zauberwesen und der immergrünen Hügel und Auen. Der Zauber von Lichtalfheim erfasste Jan und ließ ihn die märchenhafte Herrlichkeit dieser Welt fühlen.

Jan sah Muspelheim, das Flammenreich der Feuerriesen. Unablässig brachen Vulkane aus, flossen rot glühende Lavaströme wie Flüsse in gigantische Meere. Seine Bewohner waren geformt aus Hitze und barbarischer Begierde. Jan nahm auch das in sich auf.

Midgard war das Reich der Menschen, in dem sich Kräfte aus allen anderen Reichen realisierten. Gelegen in der Mitte der acht übrigen Reiche, die Midgard umgaben, gab es hier einen direkten, wenn auch streng bewachten Zugang nach Asgard, die Regenbogenbrücke. In Midgard würden die Kräfte aus Jan etwas Ungeheures formen.

Jan sah Niflheim, das Reich des kosmischen Eises und des bösen Eisdrachens Nidhögg. Er entdeckte schwebende Gletscher und Eiszapfen, die aus dem Himmel Richtung Erde wuchsen. Eine Kälte, die eisige, üble

Wesen von gigantischer Kraft formte. Jan begrüßte das Eis, wurde Teil von ihm und spürte, wie seine Macht weiterwuchs.

In Svartalfheim, dem felsigen Reich der Dunkelelfen, sah Jan Schächte, die tief in den Berg getrieben worden waren. Unablässig gruben die Bewohner nach Bodenschätzen, die sie den Eingeweiden ihres Landes entrissen. Allzeit loderten die Feuer in unterirdischen Schmieden und erklangen die Hämmer. Jan entdeckte die Dunkelelfen, die eindeutig Zwerge waren, und nahm ihre nie versiegende Gier in sich auf.

Jötunheim, das kalte und schneebedeckte Reich der Riesen und aller Feinde der Menschen und Götter mit seinen düsteren Burgen war ein schroffes und ödes Land, auf dem nur bizarre Felsformationen wuchsen. Es lag hinter einem finsteren Eisenwald. In ihm herrschten die Mächte des Chaos, und als Jan spürte, wie das Chaos nach ihm griff, ging er ihm freudig entgegen.

In Hel schließlich, dem düsteren Reich der Toten, das die gleichnamige Totengöttin von ihrem Schädelthron aus beherrschte, erhob sich die Unsterbliche von ihrem Thron. Sie schwebte auf Jan zu und reichte ihm die rechte Hand zum Kuss. Es war die Hand einer verwesenden Leiche. Ihre gesamte rechte Körperhälfte, inklusive ihres Gesichtes, hatte die blau-schwarze Farbe der Verwesung, in ihrer anderen Hälfte war sie eine hinreißend schöne Frau. Jan küsste die dargebotene Hand, wurde eins mit Hel und spürte, wie die schwarzen Energieströme der Unterwelt in ihn flossen.

Die Macht der Neun Welten war in Jan, und ein goldener Schimmer purer Energie umgab ihn, als er vor Odins

Thron stand. Jan sprach jetzt mit herrischer, fast schon göttlicher Stimme.

»Ich, Vitki, will.«

Er hörte Odins anerkennendes Lachen aus dem Abgrund der Zeiten, in dem Schöpfung und Vernichtung keine Gegensätze waren, sondern eins.

Als Jan dann wieder vor seinem Altar in der Villa stand, auf dem der geschnitzte Weltenbaum und die Neun Welten leuchteten, empfing ihn dort genau die richtige musikalische Untermalung. Aus im Altar eingebauten Lautsprechern donnerte Carl Orffs *›Carmina Burana‹*, die Musik, die er für die Rune Fehu gewählt hatte. *›Fortuna Imperatrix Mundi‹* – *›Fortuna, das Glück, ist die Herrscherin der Welt‹*. Fehu stand für Geld und Reichtum, und es gab wenig, das von Schicksal und Glück so abhängig war.

Fahrig und noch immer unter dem Einfluss der rituellen Substanzen nahm Jan die Rune von gewaltiger Macht von seinem Altar. Er steckte sie in einen Samtbeutel, den er in einem Geheimfach des Altars versteckte. Jetzt waren es neunzehn in Menschenknochen geritzte Runen. Fünf weitere würden folgen, dann waren die vierundzwanzig Runen des Älteren Futhark komplett, des ältesten der Runenalphabete, das die germanischen Stämme verwendet hatten.

Wenn die Reihe vollständig war, würde er endgültig seinen Willen in die Matrix des Universums einbrennen und die Mächte des Schicksals komplett unter seine Kontrolle bringen, wie es ihm vorherbestimmt war. Doch dazu musste er reiner und stärker werden als bisher und sich verwandeln. Jede weitere Rune, jedes Menschenopfer würde seine Runenreihe komplettieren, ihn seinem Ziel auf dem Weg des Blutes und des Schmerzes zu seiner Transformation näherbringen. Jan fieberte der Verwandlung entgegen.

Neunzehn Blutrunen waren es jetzt, achtzehn hatte er schon vorher geholt, in der Zeit, als er noch ohne festen Wohnsitz in der Welt unterwegs war. Es war ihm wichtig, dass er die letzten Blutrunen in seiner Heimat Deutschland erntete. Denn hier war der heilige Grund, auf dem die Runen vor langer Zeit in die Welt getreten waren. Und hier würde auch sein Krafttier auf ihn warten. Er wusste das, weil ihm das die Runen zugeraunt hatten.

Dennoch dachte er gern an die Zeiten zurück, als noch alles einfach gewesen war. Denn es gab Regionen auf der Welt, etwa in Südamerika, in denen Menschen spurlos verschwinden konnten, ohne dass sich irgendwelche Behörden groß darum scherten. Das galt besonders für die Bewohner der Armenviertel. Wenn deren Leichen auftauchten, konnte man sich im Zweifelsfall auf die Schlampigkeit und das Desinteresse der Ermittler verlassen. Manchmal hatte er auch schon mit Geld nachgeholfen. Und wenn es gar nicht anders ging, übernahm Hel die Angelegenheit. Sie konnte sehr überzeugend sein, zumal Jan dafür gesorgt hatte, dass sie eine exzellente Ausbildung für den Einsatz von Waffen und im tödlichen Nahkampf erhielt.

Sie hatte sich als sehr begabt und hoch motiviert erwiesen. Außerdem war sie so im Fall des Falles auch ein sehr effizienter Bodyguard für ihn. Angreifer rechneten in der Regel nicht damit, dass eine Frau ihnen so gefährlich werden konnte. Zwar brauchte er im Grunde keinen Leibwächter, aber nebenbei konnte ein Bodyguard auch ein wichtiges Statussymbol sein, besonders ein Bodyguard mit Hels Aussehen.

Damals hatte er bei seinen Morden auch noch auf viele Rituale verzichtet, die er jetzt durchführte. Er wollte vordringlich effizient die Knochen ernten, schließlich war er ein Wanderer, der sich nicht lange irgendwo aufhielt und keine Spuren hinterließ. Außerdem hätten die Rituale damals nicht die Bedeutung gehabt, die ihnen heute auf dem heiligen Grund zukam, auf dem er sesshaft geworden war.

Die heilige Botschaft der Runen hatte ihn letztlich in das Todeshaus nach Hamburg geführt. Und er sah darin ein Zeichen, als er beim Umbau der Villa auf dem Dachboden ein altes Buch entdeckte. Als er die Seite aufschlug, in der ein Lesezeichen aus Leder steckte, las er dort mit einem Stift am Rand markiert:

›Habt ihr von Zauberliedern nie gehört und von Runen der Betörung? Ruchlose Männer, unheimliche, sagt man, schweifen unstet durch die Lande, unter dem dunkeln Mantel die Harfe, im dunkeln Herzen die dunkle Lust.‹

Als er im Buchtitel *Odhins Rache* las, wusste er, dass diese Zeilen für ihn bestimmt gewesen waren und die Botschaft hier nur all die Jahre auf ihn gewartet hatte. Die Runen hatten recht gehabt.

Ich bin viele, dachte er und lächelte böse. ›Ich bin und war und werde sein.‹

Aber weil er ein Mann des 21. Jahrhunderts war, würde er auf moderne Weise vorgehen. Statt der Harfe würde er eine Harfensaite unter dem Mantel tragen. Und die Musik, die er den Toten vorspielte, damit sie auch noch auf den Weg ins Totenreich sein Bild vor Augen hatten, kam bei ihm zeitgemäß von einem MP3-Player.

Jan wollte seine Opfer nicht nur einfach umbringen, sondern auch noch nach ihrem Tod verfolgen. Denn mit der Musik verschmolz auch die Qual mit der Substanz dieser verdammten Seelen. Wo immer sie auch nach dem Tod landeten, und da gab es ja unterschiedliche religiöse Vorstellungen, die Jan durchaus respektierte, sie waren immer in ihrer ganz eigenen Hölle. Sie speisten die Runen, die aus ihren Knochen gefertigt und mit ihrem Blut gefärbt waren, mit einer Macht, die in der tiefsten Verdammnis geboren wurde.

Einen MP3-Player hatte Jan schon bei seinen früheren Opferungen im Ausland benutzt, aber das war nie an die Öffentlichkeit gedrungen. Er hatte immer vermutet, dass spätestens ein unterbezahlter Polizist den Player geklaut hatte. Jetzt war es an der Zeit, deutlich sichtbarere Zeichen zu hinterlassen. Sie sollten wissen, dass ein Vitki da draußen war, um Blutrunen auf heiligem Boden zu ernten. Er wollte seine Zeichen einbrennen, in die träge Herde, sie aufscheuchen und sie zum Laufen bringen.

Längst war er den lächerlichen Vorstellungen von Moral und Gerechtigkeit entrückt, die sich nur die Schafe erträumten, Wölfe hatten da ganz andere Ansichten. Wer sollte ihn stoppen? Wann hätte man je gehört, dass Schafe Wölfe gejagt, gestellt und getötet hätten?

Das waren die Menschen: Lauter langweilige Schafe mit ihrer blökenden Schafsmoral, die nur eines wirklich gut konnten, nämlich Sterben. Jan lächelte gleichzeitig böse und zufrieden.

Er verließ den Altarraum mit tiefer Befriedigung und einem erhebenden Vorgefühl auf die weiteren Tötungen und seine Transformation. So betrat er sein Schlafzimmer mit den hohen Bogenfenstern und der Terrassentür. Hier dominierten handgemachte italienische Möbel von Smania, wie das große anthrazitfarbene Bett, neben dem ein rechteckiger Nachttisch gleicher Farbe mit einer Designerleuchte stand.

Jan legte sich auf das Bett und betrachtete – wie so häufig – das Deckenfresko, das die Erschaffung der Welt darstellte. Aber hier berührte nicht der Christengott Adams Finger, um ihn zu erschaffen, wie auf dem berühmten Bild von Michelangelo.

Über Jans Bett trafen feurige Ströme auf gewaltige Eismassen, als sich die Reiche des feurigen Muspelheims und des kalten Niflheims immer weiter ausdehnten. Bis sie schließlich in einem gähnenden Abgrund zusammentrafen, der zwischen ihnen lag – dem Ginnungagap. Ymir, der Riese und das erste Leben, war die Frucht dieser Hochzeit von Feuer und Eis.

Das war es, was Jan immer in den Bann gezogen hatte: Leben wurde geboren aus Elementen, die sich feindlich gegenüberstanden. Und alles Leben würde immer Feindschaft in sich tragen. Und Kampf sein: Der Riese Ymir wurde von den Göttern Odin, Vili und Vé getötet. Aus seinem Fleisch schufen sie die Erde. Seine Knochen wurden zu Bergen, sein Haar zu Bäumen, sein Schädel zum Himmel, aus seinem Blut entstand das Meer und aus seinen Augenbrauen formten die Götter Midgard, das Reich der Menschen.

***

Jan wusste, dass die Erde entstanden war, weil die Götter den Weg des Blutes und des Schmerzes gewählt und Ymir getötet hatten. Eine neue Welt entstand eben nur aus Blut und Schmerz.

Ein Klopfen an der Schlafzimmertür riss ihn aus seinen Gedanken. Schon wurde die Tür geöffnet und Hel stand auf der Schwelle. Einen Moment glaubte Jan, die Totengöttin Höchstselbst dort zu sehen, deren eine Gesichtshälfte blau-schwarz war. Aber Totengöttinnen trugen zumeist keine Prada-Kostüme und High Heels von Louboutin.

»Du hast noch was vergessen«, sagte seine Assistentin, kickte auf dem Weg zu seinem Bett ihre High Heels von den Füßen und begann damit, sich von dem Prada-Kostüm zu befreien. Als sie Jan fast erreicht hatte, trug sie nur noch einen schwarzen BH, einen schwarzen Slip und halterlose Strümpfe in Schwarz. Als sie schließlich zu ihm ins Bett stieg, waren davon nur noch die halterlosen Strümpfe übrig geblieben, die am Oberschenkel in feiner Spitze endeten.

»Jetzt«, forderte sie.

Jan drang zunächst sanft in sie ein und stieß danach immer kräftiger zu. Sie kamen beide gleichzeitig auf den Schwingen ihres Walkürenritts zum Höhepunkt. Als sie schließlich voneinander abließen und ausgepumpt auf dem Bett lagen, hatte Jan den Eindruck, dass ihm die Götter aus dem Fresko heraus fröhlich zuwinkten. Doch als er die Augen kurz schloss und wieder öffnete, waren sie wieder ordnungsgemäß auf dem Gemälde erstarrt.

»Helena, wer bist du wirklich?«, fragte er die Schönheit an seiner Seite. Sie lächelte nur geheimnisvoll. Dann begann das Spiel von Wolken und Regen, wie die Chinesen den Liebesakt nannten, von vorn. Als sie sich danach auf dem breiten Bett aneinanderschmiegten, klang Hels Stimme irgendwie belegt.

»Wir sollten uns in ein Eisvogelpärchen verwandeln, gemeinsam auf die herrlichsten Blumen fliegen und uns niemals mehr trennen.«

»Kenn ich. Das hast du von Zhao Mengfu geklaut. Der Mann ist mehr als 700 Jahre tot. Schämst du dich nicht, einen Toten zu berauben?«

»Ist es ethisch sauberer, die Lebenden zu berauben?« Hel musterte ihren Bettgefährten spöttisch mit ihren dunklen Augen, tiefe Seen, die zum Versinken ohne jegliche Gegenwehr einluden.

»Kann ich nicht sagen.« Der Multimillionär zog spöttisch eine Augenbraue hoch. »Die meisten Generationen meiner Familie haben da keinen Unterschied gemacht. Hauptsache, es gab etwas zu holen.«

»Das gefällt mir irgendwie.« Hel rekelte sich lasziv. »Bei mir gibt es auch etwas zu holen, und dein Besuch aus Island kommt erst in zwei Stunden.«

»Du bist wirklich so unersättlich wie das unstillbar gefräßige Leben«, bemerkte Jan und lächelte.

»Oder so unersättlich wie der unstillbar gefräßige Tod.« Hel legte sich mit ihrem Gesicht auf das Laken. Sie breitete die Arme aus und schob ihm fordernd ihre verführerischen Arschbackenäpfel entgegen. Was aussah, als würde sie ihm ein umgekehrtes Herz präsentieren.

»Und jetzt mach schon«, forderte Hel mit Erregung in der Stimme.

Jan erinnerte die Stellung an Uruz, die zweite Rune im Älteren Futhark. Aber bevor er noch weiter darüber nachdenken konnte, versank er in der salzigen Flut der Schwarzhaarigen. Erst als sich später in der Marmorgrotte der Dusche ein Wasserschwall über beide ergoss, wurden die salzigen Spuren auf seiner Haut gelöscht. In Hel blieb noch etwas zurück.

Helena schlüpfte wieder in ihre Kleidung und auch Jan zog sich an. Danach stiegen sie die Treppe hinab ins Hochparterre. Jan ging von dort aus über die Außentreppen in seine Büroräume. Er wollte die Zeit sinnvoll nutzen, während er auf seinen Besuch wartete.

»Hel«, sagte er entschieden und küsste sie zärtlich auf die Wange. »Es gab da doch ein paar äußerst lukrative, aber sehr riskante Aktiengeschäfte, an die wir uns bisher noch nicht gewagt haben. Wir steigen ein.«

»Was hat sich geändert?«, wollte Hel neugierig wissen.

»Sagen wir so, ich bin überzeugt davon, dass die Macht des Geldes ganz und gar auf meiner Seite ist. Und da habe ich es eben riskiert.«

»Du hast es getan«, sagte Hel und lächelte anerkennend. »Du hast dir Fehu geholt.«

»Ja, und du bist die Einzige, die das weiß.«

»Weil ich auch die Einzige bin, welche die Größe deiner Mission je verstanden hat und verstehen wird.«

Und dann küsste sie ihn sehr lange.

Als es schließlich läutete, sah Jan über die Videokamera am schmiedeeisernen Außentor, dass sein alter isländischer Freund Einar Anderson angekommen war.

»Komm rein«, begrüßte er ihn per Lautsprecher. Dann schwang das schwere Tor langsam auf.

Als wohl erzogener Hausherr kam Jan seinem Gast entgegen. Auf der Hälfte des Wegs zur Villa trafen sich die beiden und umarmten sich, wie es sehr alte Freunde nun einmal tun. Zwanzig Jahre war es her, dass sie sich auf Island kennengelernt hatten, wo Einar als Fremdenführer Jan auf einen sehr speziellen Trip mitgenommen hatte.

»Gehen wir in den Salon«, schlug Jan vor.

Bevor sie in den schweren Ledersesseln Platz nahmen, entschieden sie sich noch für zwei Cohibas aus dem begehbaren Humidor und bedienten sich bei den Maltwhiskeys.

»Ich habe gerade einen vierzig Jahre alten Highland Park bekommen, den ich sehr empfehlen kann«, sagte Jan genießerisch. »Gelagert wird er in ehemaligen Bourbon- und Sherryfässern, was ihm wirklich sehr gut bekommt. Wie du weißt, sind gerade die älteren Abfüllungen der Brennerei sehr gefragt.«

Dann rauchten sie eine Weile schweigend voller Genuss die Zigarren, wobei sie die Mundstücke immer wieder in die Whiskeygläser tauchten.

»Wie geht es dir?«, fragte Jan schließlich in die Stille hinein.

»Gut«, antwortete Einar und stieß ein kleines Rauchwölkchen aus. »Den Göttern sei Dank. Warte, ich will probieren, ob ich den kleinen Vortrag noch halten kann.«

Einar stellte sein Whiskeyglas auf den Tisch und deponierte die Zigarre in der dafür vorgesehenen Ablage im Aschenbecher. Er stand auf, verbeugte sich leicht in Richtung Jan und legte mit Fremdenführerstimme los: »Wie Sie wissen, sind auf Island die alten Götter noch sehr lebendig. Die Insel ist erst sehr spät christianisiert worden, und vor rund tausend Jahren beschlossen Christen und Anhänger des Alten Glaubens, dass beide Religionen nebeneinander bestehen sollten. Deshalb kann noch heute ein Brautpaar wahlweise im Namen des Christengottes oder des nordischen Donnergottes Thor heiraten. Der alte Glaube ist auf Island immer noch aktiv, und in der Hauptstadt Reykjavík mit ihren rund 130.000 Einwohnern gibt es ein Verzeichnis hier lebender Naturgeister. Denn auf die Wohnorte der Geistwesen muss zum Beispiel beim Straßenbau Rücksicht genommen werden, sonst legen verärgerte Elfen Bulldozer und Planierraupen dauerhaft lahm. Für die Katalogisierung war ein Volkskundler im Bauministerium zuständig. Oder mit den Worten des isländischen Lokalpolitikers Þorsteinn Jóhannsson: ›Wir müssen lernen, sehr aufmerksam zuzuhören, was die Elfen uns zu sagen haben.‹ Wer noch viel mehr über diese Wesen erfahren will, kann sein Wissen in der Elfenschule in Reykjavík vertiefen.«

Jan klatschte.

»Du kannst es immer noch.«

»Erinnerst du dich, wie wir uns vor zwanzig Jahren in Reykjavík begegnet sind?«, fragte Einar.

»O ja, es war an einem Sommerabend, und ich war fasziniert von der wilden Schönheit Islands und seinen Mythen, obwohl ich bis dahin noch nie dort gewesen war. Die altisländische Edda hatte mich mit ihren Götter- und Heldenliedern begeistert. Damals suchte ich noch nach meinem Weg im Leben, und irgendetwas aus der Edda hatte mich angesprochen.« Jan wurde ganz nachdenklich, lächelte und zog genießerisch an seiner Zigarre.

»Berufliche Karriere, um an Geld heranzukommen, musste ja für dich kein Thema sein, wenn du es nicht unbedingt wolltest. Du hattest genug. Ansonsten warst du noch völlig grün hinter den Ohren und schrecklich verwöhnt.«

»Ich musste mich ja auch nie einer wirklichen Herausforderung stellen. Schon mein Vater hatte sich von der täglichen Plackerei verabschiedet und das Familienunternehmen verkauft. Dass er dadurch auch seine gesellschaftliche Macht als Besitzer eines großen Konzerns verlor, hat ihn nie gestört. Schließlich konnte er sich endlich vollends der Kunst widmen und zu einem bekannten Mäzen und Sammler werden.«

Als dann beide wieder genussvoll schweigend an den Zigarren zogen, erinnerte sich Jan an die Zeit auf Island. Der ältere Mann hatte Jan in einem Buchladen angesprochen, als der sich umfangreiches Kartenmaterial zu Island kaufte.

»Zum ersten Mal hier?«, hatte der Mann mit der von Wind und Wetter gegerbten Haut auf Englisch gefragt.

»Ja«, hatte Jan geantwortet.

»Woher kommen Sie?«

»Aus Deutschland.«

»Da habe ich viele Jahre lang für eine isländische Transportfirma in Hamburg gearbeitet.« Der Mann war in fließendes Deutsch übergegangen. »Sie wirken nicht so, als ob Sie übermäßig daran interessiert wären, das übliche Schmalspurtouristenprogramm zu absolvieren. Sie brauchen jemanden, der Ihnen das wahre Island zeigt.«

»Und das wären dann Sie?«

»Das wäre dann ich. Aber Sie brauchen die Katze nicht im Sack zu kaufen, wie man bei Ihnen in Deutschland sagt. Erkundigen Sie sich nach mir. Hier ist meine Karte. ›Einar Anderson. Guide to the Gods‹.«

Dann ließ er Jan stehen, worauf dieser die Visitenkarte erstaunt musterte.

»›Guide to the Gods‹ ist mir damals – gelinde gesagt – sehr ambitioniert vorgekommen.«

»Aber genau das war ich«, sagte Einar und lächelte verschmitzt.

»O ja, genau das warst du«, sagte Jan, sah Einar in die Augen, musterte den Gast, als müsste er sich dessen Bild noch einmal genau einprägen. »Und was für einer.«

Es klopfte an der Tür zum Salon. Hel betrat den Raum.

»Das hier solltest du dir mal ansehen, das kommt vom Senator. Es geht um die Stiftung.«

»Hat das nicht bis nachher Zeit? Wie du siehst, unterhalte ich mich gerade mit meinem alten Freund Einar«, bemerkte Jan ärgerlich.

»Jan«, entgegnete Hel mit besorgter Stimme. »Hier ist niemand.«

»Doch, das ist mein alter Freund Einar«, beharrte Jan trotzig.

»Hier ist keiner außer dir.«

Das konnte nicht sein. Jan deutete erregt auf den Sessel. Da saß Einar doch. Was war nur mit Hel los?

»Du hast doch vorhin sogar gesehen, wie ich ihn empfangen habe.«

»Du hast deinen Händler liebevoll umarmt, der dir immer die Zigarren bringt. Aber der sitzt hier nicht. Keiner außer uns beiden ist in diesem Raum.«

Als Jan nochmals in Richtung von Einars Sessel blickte, war der tatsächlich leer. Jan wirkte verwirrt. Hatte er Halluzinationen? Dann nahm er Hels sehr skeptischen Blick wahr.

Pferdeköpfe

»Wir müssen natürlich auch in Richtung Rechtsextremismus denken. Diese Ermittlungen würden dann aber die Kollegen vom polizeilichen Staatsschutz übernehmen«, erklärte Oberkommissar Andreas München.

Haller hatte ihn zusammen mit dessen Kollegen Heiner Burghoff ins Ermittlungsteam geholt, das sich aktuell im Besprechungsraum traf. Beide waren um die vierzig und beide machten auch viel in der Freizeit gemeinsam, kickten in derselben Fußballmannschaft bei den Alten Herren und trafen sich darüber hinaus zum Joggen.

Zwar fand Haller, dass sie eindeutig zu ehrgeizig und zu fit waren. Er hatte aber nichts dagegen, wenn sie mit ihrem Engagement zur Verbesserung der Aufklärungsquote beitrugen, solange sie nicht in irgendeiner Form an seinem Stuhl sägten. Engagiert waren sie zweifelsohne, doch um ihm das Wasser reichen zu können, fehlte ihnen letztlich die Qualität. Ein Haller war schließlich nicht so leicht zu ersetzen.

»Die Nazis haben es doch mit den Runen und der nordischen Götterwelt. Und ein Bonzenmord an einer Bankerin würde denen auch nicht schlecht passen«, fuhr München fort, der sein Wissen gern einmal in größerer Runde ausführte.

»Woher weißt du das denn?«, wollte Anna wissen.

»Ich habe schon mal für ein halbes Jahr Dienst beim Polizeilichen Staatsschutz gemacht.« München freute sich sichtlich, die junge Kollegin mit seinen vielfältigen Kenntnissen beeindrucken zu können.

»Allerdings war Katharina Sander eine Deutsche mit leuchtend blondem Haar. Das macht sie nicht gerade zum bevorzugten Opfer von Neonazis«, wandte der ebenfalls blonde Heiner Burghoff ein.

»Außerdem war sie in der Katholischen Kirche und hat immer brav ihre Kirchensteuer bezahlt«, erklärte Haller. »Hätten sich die Nazis nicht eher einen Banker jüdischen Glaubens ausgesucht? Das hätte doch besser zu ihrer Ideologie gepasst.«

Es gab eine allgemeine Denkpause. Haller überlegte, was zu tun war.

»Andreas, kannst du Kontakt mit den Kollegen vom Polizeilichen Staatsschutz aufnehmen? Man kann ja nie vorsichtig genug sein. Und jetzt weiter. Andreas und Heiner – ihr habt die Nachbarn und den Concierge befragt. Was ist denn dabei herausgekommen?«

»Nicht viel. Die Nachbarn beschreiben das Opfer als junge, sympathische Frau, aber wissen eigentlich nichts über sie. Das liegt allerdings auch daran, dass die Bewohner dieses Hauses außerordentlich viel Wert auf Diskretion legen – kein Wunder bei dieser Einkommensklasse. Wer dort wohnt, muss schon sehr gut bei Kasse sein«, fasste München sachlich die Ergebnisse der Befragung zusammen. »Der Concierge wusste auch nicht viel mehr. Er hat zwar manchmal mitgekriegt, dass Katharina Sander spätabends nach Hause gekommen ist, aber er hat eben auch nicht alles mitbekommen.«

»Eigentlich war er kein richtiger Concierge, mehr ein klassischer Hausmeister. Sonst wäre er so eine Art Pförtner gewesen. Die Funktion hatten die Bewohner aber aus Kostengründen wieder abgeschafft,«, ergänzte

Burghoff seinen Kollegen und grinste. »›Geiz ist geil‹ gilt offenbar auch in den oberen Vermögensklassen. Beibehalten haben sie allerdings die Bezeichnung Concierge, das klingt besser und kostet nichts extra.«

»Was ist mit den Angehörigen?«, fragte der Hauptkommissar, nahm die Arme vom Tisch und lehnte sich zurück. Er war froh, dass er die Todesnachricht nicht hatte überbringen müssen. Auch nach all den Dienstjahren in der Mordkommission fiel ihm so etwas noch ausgesprochen schwer.

»Als nächste Angehörige hatte sie nur ihre Eltern. Aber was für Eltern! Die leben in einer Villa im Westend in der Siesmayerstraße. Teurer lässt sich in Frankfurt kaum wohnen. Ein Butler hat uns an der Tür empfangen und zu Katharina Sanders Eltern geleitet. Sie war ihr einziges Kind, ihr Ein und Alles und ihr ganzer Stolz. Anscheinend haben sie dem Kind die Wünsche von den Augen abgelesen«, berichtete Burghoff. »Die Mutter hat einen Nervenzusammenbruch erlitten und der Vater war völlig fertig. Der Butler musste einen Notarzt benachrichtigen.«

»Sie hatte also schon von Haus aus Geld, und die Eltern haben ihr einziges Kind verwöhnt«, bemerkte Haller, beugte sich wieder nach vorn und legte die Arme auf den Tisch. Haller missbilligte solchen Lebenswandel zutiefst.

»Da kann man dann natürlich in einem teuren Loft leben und in Designerklamotten schwelgen. Was hat die Überprüfung des Handys, des Notebooks und des Computers am Arbeitsplatz der Katharina Sander ergeben?« Haller hoffte sehr, dass die Kollegen etwas Interessantes herausgefunden hatten.

»Nicht viel. Bisher haben unsere Spezialisten nur das Passwort für das Smartphone geknackt. In dem Adressspeicher waren fast nur harmlose dienstliche Nummern und die eines Fitnessstudios, in dem man sie aber schon lange nicht mehr gesehen hat. Wir haben da angerufen. Auch ihre letzten Anrufe gingen an Nummern aus ihrem Adressbuch. Ansonsten hatte sie keine E-Mails und keine SMS im Speicher«, erklärte München.

»Es würde mich nicht wundern, wenn sie den Speicher regelmäßig gelöscht hat. Falls das Handy mal einem anderen in die Hände fällt, weil man es ihr zum Beispiel schlicht in einer Bar klaut«, steuerte der Hauptkommissar seine Meinung zu dem Thema bei, hob einen Arm vom Tisch, stützte sich auf dem Ellenbogen ab und wedelte leicht mit der Hand. »Solche gelöschten Daten müssen doch unsere Spezialisten rekonstruieren können. Wenn die nicht weiterkommen, ich kenne da jemanden vom Chaos Computer Club. Der wäre bestimmt begeistert, wenn er das Handy und das Notebook einer Bankerin der ›Na-Claro-Bank‹ in die Hände bekommen würde.«

»Harry, das kannst du doch nicht machen«, mischte sich eine ziemlich aufgeregte Anna ein.

Wenn jemals ein Kriminalhauptkommissar in der Geschichte der Kriminalpolizei geheimnisvoll gelächelt hatte, dann war das jetzt Haller.

»Komm mal wieder runter. Das war doch nur ein Witz. Was war auf dem MP3-Player?«

»Kurt Orffs ›*Carmina Burana*‹«, antwortete Burghoff in einem Ton, als sei er mit solcher Musik zutiefst vertraut. Allerdings hätte er sich dann wohl auch den

Komponistennamen richtig gemerkt. »Und dann haben wir da noch etwas gefunden.«

»Was denn?«

»Das Geräusch eines schlagenden Herzens.« Burghoff klang angewidert. »Ich würde dem Mörder zutrauen, dass er das der Toten vorgespielt hat, nachdem er ihr Herz durchbohrt und seinen symbolischen Ziegelstein eingesetzt hatte. Auf jeden Fall kommt die Aufnahme vor dieser ›Burana‹.«

»Wie krank ist das denn?«, entfuhr es der jungen Kommissaranwärterin.

»Was ist mit dem Hausmüll?« Haller ging über Annas Ausbruch einfach hinweg.

»Die Kollegen sind noch dabei«, antwortete Burghoff. »Begeistert sind die wohl eher nicht von dieser Aufgabe.«

Haller begann sich zu langweilen und tat das, was er dann immer gern tat: Er zitierte Hölderlin.

»›*O, ein Gott ist der Mensch, wenn er träumt, ein Bettler, wenn er nachdenkt, und wenn die Begeisterung hin ist, steht er da, wie ein missratener Sohn, den der Vater aus dem Hause stieß*‹.«

Haller hatte zwar nichts, aber auch wirklich gar nichts für Kultur übrig, aber als pure Schikane brachte er gern mal etwas von Hölderlin, diesem empfindsamen Dichter und Zeitgenossen Schillers und Goethes, der im Wahnsinn geendet war. Für besondere Gelegenheiten hatte er etliche Hölderlinzitate auswendig gelernt. Das lag daran, dass der unglückliche Dichter im Haus seiner spät zum Hippietum berufenen Eltern so sehr geschätzt worden war, dass sie den kleinen Harry damit ständig malträtiert hatten. Ein einsamer Anarcho und ein wahnsinniger Poet – seine Eltern hatten ihm einiges an Last auf die Schultern geladen. Sie hatten ihn mit Hölderlin gequält. Nun quälte er Mitarbeiter und Kollegen.

»Das war übrigens von Hölderlin«, informierte der Hauptkommissar die beiden Oberkommissare mit unüberhörbarem sardonischem Vergnügen. »Hört gut zu, da könnt ihr etwas lernen.«

München und Burghoff schauten ratlos Anna an, die vielsagend mit den Schultern zuckte. Haller bekam die Geste der Anwärterin nicht mit, was ihrer weiteren Karriereplanung sehr bekömmlich war.

Gut gelaunt verließ Haller den Besprechungsraum und schlenderte hinüber zu seiner Sekretärin.

»Kannst du mich bitte mit dem Kollegen verbinden, der etwas zu der Rune wusste? Und das Gespräch in mein Büro durchstellen?«, sagte Haller freundlich.

Annette überlegte einen Moment, während sie die Telefonnummer suchte.

»Das war ein gewisser Dornbusch, Kripo Dortmund«, sagte sie. Dann nahm sie den Hörer ab, wählte und gab Haller ein Zeichen, als der Gesprächspartner am anderen Ende war.

»Hallo, hier Annette aus Frankfurt. Wir hatten vorhin miteinander gesprochen. Harry möchte gern mit dir reden. Moment, ich stelle durch.«

Haller ging in sein Büro, fläzte sich in seinen drehbaren Bürosessel und nahm den Hörer auf.

»Hier Haller, danke, dass du uns angerufen hast.«

»Dornbusch«, meldete sich sein Kollege.

»Du hast Informationen über die Rune. Wie kommt das?«

»Bei früheren Ermittlungen im Umfeld der rechtsextremistischen Szene war ein ehemaliger Kollege von mir auf so eine Gruppe gestoßen. Deren Mitglieder praktizierten den Glauben an die alten nordischen Götter.«

»Was für Spinner«, entfuhr es Haller.

»Das dachte mein Kollege anfangs auch. Jedenfalls hatten sie es dort mit Runen. Von ihm wusste ich auch das mit der Rune Fehu. Reichtum. Geld, das konnte ich mir gut merken bei meinem mageren Gehalt.«

»Und was ist mit deinem Partner passiert?«

»Psychiatrie. Geschlossene Abteilung. Am Anfang war er noch ganz normal, bis er den Glauben entwickelte, dass die Runen tatsächlich magische Zeichen von echter Macht sind. Und dann hat er versucht, damit Schicksal zu spielen.«

»Wie?«

»Er hat gedacht, er könnte mit Runenzaubern seine Karriere nach vorn bringen und die seiner Gegner zerstören. Dazu muss man wissen, dass mein Kollege davon überzeugt war, von seinen Vorgesetzten immer wieder bei Beförderungen zu Unrecht übergangen worden zu sein. Das mit den Runenzaubern hatte ihm wohl ein Runenmeister gesagt, ein Vitki, den er über diese Gruppe von Jüngern der Alten Götter kennengelernt hatte. Er war gleich fasziniert von dem Charisma dieses Vitki, obwohl die anderen ihn gewarnt haben, sich mit ihm näher einzulassen, weil er gefährlich sei. Das hatte er mir auch erzählt.«

»Wieso gefährlich?«, wollte Haller wissen. Er hoffte, den Anfang des Fadens gefunden zu haben, mit dem sich das Knäuel vielleicht entwirren ließ.

»Er hatte keine Maßstäbe, was gut und böse war und ließ nur seinen Willen gelten.«

»Aber das erklärt noch nicht, warum dein Kollege in der Psychiatrie sitzt«, bemerkte Haller und wartete gespannt darauf, wie es weiterging.

»›Der irre Kommissar‹ nannten ihn die Medien. Mein Kollege wurde eines Nachts bei strömendem Regen in der Nähe des Hauses vom Polizeipräsidenten aufgegriffen. Den hatte er als Hauptschuldigen für seine Nichtberücksichtigung bei Beförderungen ausgemacht.«

»›Der irre Kommissar‹ kommt mir bekannt vor.«

»Die Geschichte lief ja auch bundesweit. Eine Streife hatte ihn dabei beobachtet, wie er drei angespitzte lange Stangen mit seltsamen Zeichen in die Erde rammte, an deren vorderen Enden er etwas befestigte, das er aus seinem Lieferwagen geholt hatte. Als die Kollegen näher rangingen, sahen sie, dass es Pferdeköpfe waren. Mein Ex-Partner war mit Blut beschmiert und ging mit einer blutigen Kettensäge auf sie los. Sie wussten sich nicht anders zu helfen, als ihn mit einem Schuss ins Bein zu stoppen. Er robbte trotzdem weiter auf sie zu.«

Haller bedauerte es sehr, dass er in seinem Büro nicht rauchen durfte. Jetzt wäre eine großartige Gelegenheit gewesen, sich eine anzustecken.

»Er hörte erst auf, als eine Kugel auch noch sein anderes Bein traf. Aber er war noch nicht am Ende. Einen Moment, ich habe hier irgendwo den Bericht seiner Festnahme von damals.« Haller hörte heftiges Rascheln.

»Da ist es. Er sagte: ›*Thors Hammer soll deine Seele zerschmettern, dreifaches Eis soll sie umschließen und niederdrücken auf ewig, wilde Geister sollen dich quälen, deine erbärmliche Seele foltern mit Grimm, der Abgrund hat dich nun, Hagen Thomas.‹* Thomas, das ist unser Polizeipräsident. Dann schrie mein Ex-Kollege nur noch und lachte völlig irre. Seine letzten verständlichen Worte waren: ›*Der Fluch frisst meine Seele. Meine Seele brennt.*‹ Anschließend brach er komplett zusammen. Im Krankenhaus stellten sie fest, dass er unter der Wirkung psychedelischer Drogen stand. Von diesem Trip ist er bis heute nicht zurückgekehrt.«

»Was sollte das mit den Stangen?«, fragte Haller, bei dem seine Instinkte von einem schwachen Grundrauschen in einen schrillen Alarmton übergegangen waren.

»Das waren sogenannte Fluchstangen, mit Runen übersäte Holzstangen. Bestimmt ein Tipp dieses Vitki. In die Erde wurden sie gerammt, um die höllischen Mächte der Totengöttin Hel in den Fluch zu leiten. Der Fluch selbst sollte mit der Geschwindigkeit eines Pferds über den Verfluchten kommen, deswegen der Pferdekopf. Doch wenn ein solcher Fluch nicht zu Ende geführt wird, kann sich seine Macht gegen den wenden, der ihn ausgesprochen hat. Bevor du fragst, das habe ich damals von einem Runenkundler erfahren.«

»Woher hatte dein Ex-Kollege die Pferdeköpfe?«

»Wir haben die Kadaver später auf einer Koppel gefunden. Er hatte die Tiere mit seiner Dienstwaffe erschossen und die Köpfe mit der Kettensäge abgetrennt.«

»Irre.« Haller atmete hörbar aus. Er hatte immer wieder von Kollegen gehört, die unter der Dauerbelastung ausgebrannt waren. Haller konnte es gut verstehen, wenn einem Kollegen mal die Hutschnur platzte, aber das hier war einfach nur komplett irre.

»Fanden wir auch«, sagte der Kollege und schwieg erst einmal.

Dann sagte er in die unangenehm lastende Stille hinein: »War es das jetzt? Ich muss weitermachen.«

Das Gespräch war damit beendet. Haller dachte daran, was ihm seine Sekretärin über die Vitkar erzählt hatte: ›Vitkar waren Einzelgänger, die keinen Dämon beschwören mussten, um einen verheerenden Zauber zu wirken. Sie waren selbst Dämon genug und mehr als das.‹

Ein Vitki musste keine Angst vor der finsteren Macht Hels haben, er bediente sich ihrer, wie man sich eines Werkzeugs bediente. Allerdings musste man mit dem Werkzeug auch umgehen können, was Dornbuschs Kollegen offenbar nicht gelungen war, der sich bei dem psychedelischen Höllenritt irgendwie in nichts aufgelöst hatte.

Aber er war ja auch kein Vitki gewesen. Hatte ein runischer Hexenmeister den Mord an Katharina Sander begangen? Sollten mit einem Ritualmord Mächte beschworen und entfesselt werden, die außerhalb des menschlichen Bewusstseins lagen?

Haller sah sich selbst als rationalen Menschen und glaubte nicht an solche Mächte. Aber möglicherweise tat es ja ein anderer – ein zutiefst gefährlicher, völlig skrupelloser und intelligenter Killer mit einer Mission, die noch lange nicht zu Ende war.

»Muss ich nach einem Vitki suchen?«, fragte sich der Hauptkommissar und steckte sich eine Zigarette in den Mund, ohne sie anzuzünden.

Einen Moment hatte Haller das Gefühl, es wäre in seinem Büro plötzlich kälter geworden. Ihn fröstelte jedenfalls. Er stand auf und ging in die Teeküche, um sich dort einen schönen heißen Kaffee zu holen. Haller langte in den Schrank und holte seinen weißen Kaffeebecher heraus, den ihm seine Kommissarsanwärterin geschenkt hatte. ›*World's Best Boss*‹ stand darauf. *Braves Mädchen*, dachte Haller, schenkte sich einen Kaffee ein und ging zurück an seinen Schreibtisch. Kurz bevor er die Tür öffnete, hörte er schon das Klingeln des Telefons, das irgendwie fordernd klang.

»Haller«, meldete er sich. »Hallo, Frau Staatsanwältin. Nein, wir haben noch keine Spur … Ja, ich kann mir vorstellen, dass das dem Herrn Oberbürgermeister nicht gefallen wird, wenn er davon erfährt … Nein, und dem Polizeipräsidenten auch nicht. … Ja, wir überprüfen natürlich auch, ob Rechtsradikale etwas damit zu tun haben könnten.«

Das Gespräch plätscherte noch eine Weile vor sich hin, dann verabschiedeten sich beide voneinander.

»Was für Amateure«, murmelte Haller resigniert, nachdem er aufgelegt hatte. Aber leider war der Apparat so aufgebaut, dass solche Leute in der Hierarchie über ihm standen. Er musste ihnen also zuhören, selbst wenn er sie zutiefst geringschätzte und verachtete. Dann fasste er einen Entschluss und ging hinüber zu seiner Sekretärin.

»Hast du noch irgendwo Kekse?«, fragte er und strahlte Annette an.

Sie hatte. Haller hielt noch immer die Tüte in der Hand, in die er beherzt hineingriff, als er schon im Zimmer der Kommissaranwärterin stand.

»Wir fahren rüber zur Gerichtsmedizin. Mal sehen, was die für uns haben«, verkündete er.

Zur Feier seines Entschlusses stopfte Haller sich noch einige Kekse in den Mund, als er in den Wagen stieg. Während er das Gebäck mahlend zerkaute, fielen Krümel aus seinem Mund und verteilten sich auf dem Polster. Schließlich musste Anna noch rechts ranfahren, damit er eine Filterlose rauchen konnte. Danach zündete er sich eine zweite Zigarette an, um die Nikotindepots in seinem Körper aufzufüllen.

Als Haller und seine Kollegin in der Gerichtsmedizin eintrafen, waren gerade, ganz nach Vorschrift, zwei Ärzte mit der Leiche von Katharina Sander beschäftigt. Der eine führte das Messer, der andere war zusätzlich als Beobachter eingeteilt.

Haller sah, dass die Mediziner den Bauchraum geöffnet hatten. Gerade machten sie sich am Schädel zu schaffen. Mit einem Skalpell führten sie am Kopf einen Schnitt von Ohr zu Ohr aus und klappten die Gesichtshaut nach vorn.

Er kannte das schon, aber es gab ihm immer wieder einen Stich, wenn ein Toter gesichtslos wurde. Ein Gesicht stand für Identität, aber was darunter zum Vorschein kam, wenn man im wörtlichen Sinne das Gesicht verlor, war nur noch eine rote, dämonische Fratze, ein Dämon, der ständig unter der glatten Haut lauerte. Vielleicht waren Menschen deswegen zu so furchtbaren Taten fähig, weil nur knapp unter der Oberfläche ein Ungeheuer lauerte, stets bereit zuzuschlagen. Dieser Gedanke war dem Hauptkommissar mehr als einmal bei einer Autopsie gekommen.

Nachdem sie den Schädel aufgesägt hatten, stellten die Gerichtsmediziner fest, dass Hirnhaut und Hirn keinerlei Verletzungen aufwiesen. Auch der Schädelknochen war intakt. Dann nahmen sie das Gehirn der Frau aus dem Schädel. Es gab keine äußeren Spuren am Kopf, die darauf hingedeutet hätten, dass das Opfer niedergeschlagen worden war.

Haller wusste, dass die Gerichtsmediziner zuvor das Skalpell unterhalb des Halses angesetzt hatten, um den Bauchraum zu öffnen. Dafür hatten sie am Bauchnabel vorbei bis zur Schambeinfuge geschnitten. Dann war die Haut abpräpariert worden und die Organe einzeln entnommen, gemessen, gewogen, fotografiert oder geröntgt. Dabei ging es nicht nur darum, aktuelle Verletzungen zu erkennen, sondern auch bereits zuvor bestehende Krankheiten.

»Ah, da waren meine Auguren wieder am Werk«, bemerkte Haller in Anspielung auf die römischen Priester, die in der Antike versucht hatten, aus den Eingeweiden von Opfertieren die Zukunft vorherzusagen. »Was bringt uns also die Zukunft?«

Das Wissen um die Auguren verdankte der Hauptkommissar seinem Lateinlehrer. Das war so ziemlich das einzige, das ihm vom Großen Latinum geblieben war. Auguren hatte er als Schüler einfach cool gefunden. Die Mediziner zeigten sich von diesem Ausweis abendländischer Bildung allerdings nicht im Geringsten beeindruckt.

»Vielleicht hat sie ihren Mörder gekannt«, sagte Professor Dr. Amadeus Beuger, der zugesehen hatte, wie sein schwarzbärtiger Kollege Katharina Sander aufschnitt hatte. »Wir haben keine anderen Spuren von Gewalt gefunden, abgesehen von der Stichwunde. Das Opfer hat sich offenbar zu keinem Zeitpunkt gewehrt und wurde sexuell nicht missbraucht. Die Totenflecke deuten darauf hin, dass es auf dem Rücken liegend gestorben ist, also in der Position, in der es gefunden wurde. Wir gehen davon aus, dass die Frau gestern ermordet wurde, zwischen 0.30 und 2 Uhr.«

Der Pathologe gab seinem Kollegen von der Straße erst einmal Gelegenheit, diese Fülle von Informationen zu verarbeiten. Dann ergänzte er:

»Wir nehmen an, dass sie mit Drogen betäubt worden ist und dann erst getötet wurde. Wir haben entsprechende Proben ins Labor geschickt. So sauber, wie der Schnitt ausgeführt wurde, muss der Mörder medizinische Kenntnisse haben. Und dann ist da noch etwas: Das Opfer war zum Zeitpunkt seines Todes kerngesund.«

Wenn das Schicksal selbst vor den Kerngesunden nicht Halt machte, konnte es nicht schaden, auch mal über die Stränge zu schlagen, sagte sich Haller. Deshalb beschloss er in diesem Augenblick, heute nach Feierabend mal wieder im *Moseleck* vorbeizuschauen.

Kuckuck auf der Stange

Reykjavík vor 20 Jahren.

Nach der ersten Begegnung mit Einar Anderson erkundigte sich Jan nach dem angeblichen ›Guide to the Gods‹. Letztlich entscheidend war, dass Einar vom Führer durch das Elfenmuseum als echten Kenner des alten Islands empfohlen wurde. Das gab für Jan den Ausschlag. Er heuerte Anderson als Fremdenführer an.

»Du hast die beste Wahl getroffen«, sagte Einar am Telefon, und war damit in das auf Island übliche ›Du‹ gewechselt, als Jan ihm seine Entscheidung mitteilte. »Ich komme morgen Früh in deinem Hotel vorbei und hole dich ab.« Schon wollte er auflegen.

»Halt. Moment. Woher wissen Sie, äh, du denn, in welchem Hotel ich bin?«

»Das haben mir die Elfen verraten«, sagte Anderson und legte mit dröhnendem Lachen den Hörer auf. Anscheinend hatte ein Mann wie Einar ziemlich gute Verbindungen in Reykjavík, was durchaus für ihn sprach.

Jan hatte den Abend für sich. Es war Wochenende, und er beschloss, sich in das Nachtleben Reykjavíks zu stürzen. Er ließ sich durch die laute, wilde Nacht unter dem Vollmond treiben. Irgendwo hämmerte Musik. Auf ihren Klangwolken trieben Menschenpulks wimmelnd durch die Straßen, begleitet von Gelächter und Lärm. Jan ließ sich mit ihnen treiben, bis er schließlich vor dem ältesten Pub der isländischen Hauptstadt nahe dem Hafen landete: *GAUKUR A STÖNG*, was so viel hieß wie ›Kuckuck auf der Stange‹. Der Reiseführer hatte ihn als unbedingtes ›Muss‹ angepriesen.

Am Eingang stand eine lange Menschenschlange und wartete geduldig auf den Einlass. Warten war nichts, was ein Godewill nötig hatte. Und so ging Jan unter lautem Gemurre aus der Menge ungerührt an der Schlange entlang. Ging direkt auf den Mann am Eingang zu, drückte ihm fünfzig Dollar in die Hand und wurde unter Pfiffen und Buhrufen durchgelassen. Er drehte sich noch einmal triumphierend um und musterte mit arroganter Miene den Pöbel in seiner Nähe.

Im Pub lief er gegen eine Wand aus Lärm. Es war die Art Musik, wie sie debile Wilde hören mochten, wenn sie mit leerem Blick auf die Reste einer untergegangenen Kultur starrten. Die Band ›Raised by Wolves‹ hämmerte ihre Musik in die wogende Menschenmasse. Jan verstand einen Textfetzen.

›I was raised by the wolves. Now the moon takes its full, so you know I won't play by the rules.‹

Begeistert stießen die Gäste im Pub eine Art Wolfsgeheul aus und bleckten die Zähne. Jan war offenbar nicht nur unter die Wilden, sondern unter die Bestien geraten. Da spürte er, wie sich eine schwere Hand auf seine Schulter legte. Als er sich umdrehte, stand dort ein riesiger Mann, der mit seinem dichten Vollbart und den langen wirren Haaren so wirkte, als wäre ihm im Mondlicht ein Fell gewachsen.

»Du Arsch bist doch vorhin an uns vorbei in den Pub gegangen und hast mit deinen Dollars gewedelt, als wärst du der König von Island«, knurrte der Hüne auf Englisch.

»Wir haben hier keine Könige, und wir mögen hier solche Leute wie dich nicht. Gar nicht.«

Jan packte die Art Angst, die jedes Beutetier vor dem Räuber hat. Er erwartete fast, dass ihm der wollige Riese seine Zähne in den Hals schlug. Aber stattdessen hieb er ihm die Faust ins Gesicht. Der Schlag riss Jan von den Füßen. Ihm wurde schwarz vor Augen, und er sank in tiefe Bewusstlosigkeit.

Als er mit rasenden Kopfschmerzen wieder aufwachte, lag er auf der Straße. Neben ihm gluckste das Wasser im Hafenbecken. Fischerboote tanzten leicht auf dem Wasser. Jan wurde schlecht, und er übergab sich in das Meer. Er spürte nicht nur die Schmerzen, sondern fühlte sich auch gedemütigt und beschmutzt. Neben ein paar harmlosen Rangeleien auf dem Schulhof war das seine erste Begegnung mit körperlicher Gewalt. Diese Mischung aus Schmerz und Schmach erschütterte ihn so, dass er hemmungslos anfing zu schluchzen. Tränen flossen über sein Gesicht, konnten aber die Schande nicht abwaschen.

Der Name seiner Familie war immer ein wirkungsvoller Schutzschild gewesen, an dem die Widrigkeiten des Alltags von Normalsterblichen wirkungsvoll abgeprallt waren. Und jetzt, als er auf sich allein gestellt war, nützte ihm die Erfahrung eines wohlbehüteten Lebens unter der Käseglocke nichts mehr.

Als er in der Gosse erwachte, tastete er instinktiv nach den Geldscheinbündeln in seinen Taschen. Sie waren verschwunden. Er war unter die Wikinger geraten, und sie hatten ihn ausgeraubt. Die Papiere hatten sie ihm gelassen. Was hätten Wikinger auch mit Pass und Führerschein anfangen sollen? Gut, dass die Kreditkarten sicher im

Hoteltresor lagen, das geraubte Geld konnte er also problemlos ersetzen. Mühsam raffte Jan sich auf und ging leicht schwankend in Richtung seines nahe gelegenen Hotels. Niemand kümmerte sich um ihn. Wer ihm begegnete, der hielt ihn für betrunken.

Ein Gedanke schälte sich aus dem Nebel in seinem Hirn heraus. Er musste es irgendwie ins Hotel schaffen. In seiner Unterkunft war er sicher. Da konnten sie ihm nicht mehr wehtun.

Als er den Polizisten auf der Straße entdeckte, keimte jäh Hoffnung in ihm auf. Als Jan mit bebender Stimme von dem Raub erzählte, hatte er die volle Aufmerksamkeit des Uniformierten. Ein ausgeraubter Tourist passte so gar nicht in das isländische Fremdenverkehrskonzept.

»Sie brauchen erst einmal einen Arzt«, entschied der Polizist.

Jan stieg zu ihm in den Streifenwagen und sie fuhren in eine Klinik. Auf der Fahrt dorthin gab er dem Uniformierten noch eine Beschreibung des Täters, die der Beamte per Funk weitergab. Jetzt würden die Staatsdiener die Sache für ihn regeln.

Wegen seiner leichten Gehirnerschütterung wollten ihn die Klinikärzte sicherheitshalber über Nacht dabehalten. Doch Jan verließ die Klinik auf eigenen Wunsch. Grundsätzlich traute er nur den ausgesuchten Medizinern seiner Familie. Was wussten diese Provinz-Kurpfuscher schon? Außerdem trieb ihn auch der Ehrgeiz, den Täter hinter Gittern zu sehen, allein wegen der Anmaßung, dass er sich an einem Godewill vergriffen hatte.

Die Ärzte gaben ihm noch einige Tabletten gegen Schmerzen mit auf den Weg. Der Polizist, der ihn in die

Klinik gebracht und gewartet hatte, verständigte einige Kollegen, die zeitgleich mit ihnen vor dem *GAUKUR A STÖNG* eintrafen. Einer der Polizisten betrat den Pub, enterte die Bühne und die Musik verstummte. Er sagte etwas auf Isländisch ins Mikrofon, das Licht ging an und die Gäste verließen murrend den Pub.

Am Eingang wartete Jan mit den anderen Uniformierten und musterte jeden genau, der herauskam. Der Hüne, der ihn geschlagen hatte, war nicht darunter. Aber die Menschen, die an ihm vorbeigingen, sahen ihn an, als wollten sie ihn am liebsten niederstrecken.

Als die Polizisten Jan wieder in einen der Streifenwagen verfrachteten, um mit ihm zur Wache zu fahren, strömten die Gäste schon wieder zurück ins *GAUKUR A STÖNG*. Diese Party war noch längst nicht zu Ende.

Anschließend fuhren die Beamten Jan in sein Hotel. Er wollte aber noch nicht in sein Zimmer gehen, sondern setzte sich auf die Bank vor dem Hotel, um in der frischen Luft über den Abend nachzudenken. Kein Zweifel, seine erste längere Begegnung mit dem Island von heute war schlecht für ihn ausgegangen.

Er überlegte abzureisen, aber er war ja gekommen, um das Island der Sagen, Mythen und Götter kennenzulernen. Und darauf wollte er nicht verzichten. Außerdem konnte er schon den Spott seiner Geschwister hören, wenn er nach diesem Vorfall zurückkehrte. Sein Vater würde zwar nichts dazu sagen, aber ihn unwillig mustern, denn ein Godewill gab niemals klein bei. Nur seine Mutter würde Verständnis für ihr Nesthäkchen haben. Sie hatte ihn schließlich immer verwöhnt.

»Du siehst aus wie einer, der das alte Island wirklich kennenlernen will«, unterbrach eine Stimme seine Gedanken. Jan blickte auf und sah einen Mann, der so robust wirkte, als hätte er sich reichlich aus dem Wikingergenpool bedient, der den Isländern zur Verfügung stand.

Was wollte der? Jan war erst etwas ängstlich, nach den Erfahrungen dieses Abends. Dann hörte er sich aber doch an, was der Unbekannte anzubieten hatte. Sie kamen ins Geschäft.

Als Jan schließlich das Hotel betrat, musterte der Nachtportier eingehend die Schwellung in seinem Gesicht und bot ihm an, die Polizei oder einen Arzt zu rufen – oder beides.

»Alles schon erledigt«, antwortete Jan.

Nachts träumte er von Wikingern, die sich in Werwölfe verwandelten, und wachte mehrmals in der Nacht schweißgebadet auf.

Als er sich am nächsten Morgen nach der unruhigen Nacht rasierte, entdeckte er im Spiegel blau-schwarze Schwellungen auf seiner rechten Gesichtshälfte. Aber das würde ihn nicht aufhalten. Er zog seine sündhaft teure Trekkingkleidung an und packte seinen Rucksack für die geplante Tour. Oben zurrte er noch einen Schlafsack fest. Man konnte nie wissen.

»Wie siehst du denn aus?«, fragte ihn Einar und deutete auf Jans Gesicht.

»Ich war gestern Abend aus und habe Ärger bekommen. Aber ich möchte nicht weiter darüber reden.«

»Von der Gesichtsfarbe auf der rechten Seite her könntest du ein Bruder der Totengöttin Hel sein.«

»Soll das witzig sein?«, entgegnete Jan mürrisch.

Einar lächelte unverdrossen gegen Jans schlechte Laune an.

»Dann würde ich doch vorschlagen, dass wir ihr heute einen Besuch abstatten.«

Jan verstaute seinen Rucksack in Einars Geländewagen, und sie fuhren los in Richtung der aktiven Vulkanzone Islands. Als sie das Gebiet erreichten, war Jan begeistert vom Land der Feuerspalten, der Lavahöhlen, der kochenden Schwefeltümpel, der heißen Quellen und der Geysire, die ihre Fontänen viele Meter in den Himmel schleudern. Aber Island war nicht nur das Reich des Feuers. Auf der größten Vulkaninsel der Welt türmen sich bis zu 1.000 Meter hohe Gletscher.

Einar begann, mit seiner erprobten Fremdenführerstimme zu sprechen.

»Hier lagen die Reiche von Feuer und Eis so dicht beieinander, dass in der mythologischen Hochzeit von Feuer und Eis das erste Leben entstehen konnte. Und die fantastischen Gebilde in der aktiven Vulkanzone wurden in der Fantasie der Wikinger-Siedler zu Götterburgen und Felsenschlössern der Riesen. Die Nordmänner sahen in ihnen auch versteinerte Trolle und Zwerge. Hier mussten die Schlachtfelder der Götterdämmerung sein und der finstere Abstieg in die Unterwelt, das Reich Hels. Von all dem kündet die ›Edda‹, die auf Island geschrieben wurde.«

Jans Ungeduld wuchs. Er wollte nicht mehr länger nur von dieser Welt hören, sondern tief in sie eindringen. Wie würde es sich anfühlen, vor den mythologischen Burgen der Götter zu stehen und sogar ihr Reich zu betreten? Und was würde es mit ihm machen?

Gegen Mittag erreichten Einar und Jan mit dem Geländewagen den Weg, der angeblich in Hels Reich führte. Die rund dreißig Kilometer lange Feuerschlucht aus erkalteter Lava hieß Eldgja – die größte Vulkanspalte der Welt. Das war der Moment, in dem Jan beschloss, sich etwas zu stärken. Und den Stoff einzuschmeißen, den er bei dem Dealer gekauft hatte, der gestern Abend in der Nähe seines Hotels auf ihn zugekommen war.

»Du siehst so aus, als wolltest du was erleben«, hatte der gesagt. »Ich habe hier was ganz Feines. Den Stoff haben hier schon die alten Runenmeister und Priester eingeworfen, wenn sie Lust auf einen kleinen Plausch mit den Göttern hatten.«

Jan wollte auf jeden Fall alles tun, damit der Ausflug in die Götterwelt für ihn zum Erfolg wurde. Einar beachtete ihn nicht und konzentrierte sich ganz auf seinen kleinen Vortrag:

»Hier ist der Götterbote Hermodhr geritten, um den ermordeten Lichtgott Baldur aus Hels Reich zu befreien. Das vereitelte der üble und listenreiche Gott Loki, der auch für seinen Tod verantwortlich war. Wie auch immer, Hel ruft«, sagte Einar unternehmenslustig und fuhr in die Schlucht hinein.

Schwarze Steilhänge ragten schroff empor, unterbrochen von grünen Mooswiesen. Es stank nach fauligem Schlamm, Schwefel und feuchten Felsen, als würde das Gestein selbst verwesen, das den Pfad in das Reich der Toten und der Verwesung markierte. Jan hörte Hufschlag und fast erwartete er, den Götterboten auf seinem Höllenritt zu sehen, aber es war nur ein einsamer Reiter auf einem der zähen Islandpferde.

Schließlich erreichten sie einen schwarzen Fluss, der sich zäh mit der Farbe und der Konsistenz dunkler Tinte in seinem Lavabett dahin wälzte.

»Das ist der Gjöll, der das Reich der Lebenden vom Reich der Toten trennte. Auf der anderen Seite wacht Garm, Hels gigantischer schwarzer Höllenhund«, erklärte Einar und wies auf das schwarze Wasser. Wasserfälle stürzten schäumend zwischen schwarzen Lavawänden herab. Nur ein Weg führte hinüber, und auch der war aus Lava geformt – die Gjöll-Brücke. Rau und zerklüftet überspannte der schwarze Bogen die schäumende Kluft.

Jan ließ sich mitreißen von der grandiosen mythischen Szenerie. Hier waren die Götter nicht nur eine Geschichte aus fernen Tagen, hier mussten sie noch lebendig sein. Alles schien auf ihn gewartet zu haben, damit er ein neues Kapitel in den Sagas des Landes aufschlug. Er war bereit.

»Wir steigen aus und gehen rüber, schnapp dir dein Gepäck«, verkündete Einar, der ebenfalls seinen Rucksack mit darauf befestigtem Schlafsack und einem kleinen Zelt aus dem Geländewagen wuchtete. »Wir gehen danach noch weiter und werden irgendwo in der erstarrten schwarzen Flut übernachten. Du wolltest doch möglichst nah ran an die Götter. Aber pass auf, wenn du über die Brücke gehst, zumindest früher herrschte hier ein ziemliches Gedränge, weil auch die Toten diesen Weg nahmen. Wer diesen Pfad ging, wurde nicht mehr zu den Lebenden gerechnet.«

Moseleck

Als Haller das *Moseleck* nach Feierabend mit ausgeschaltetem Handy und einer Zigarette im Mundwinkel betrat, tummelte sich dort wieder das übliche bunt gemischte Publikum. Tattoo- und Anzugträger, Prada-Business-Kostüm- oder extrem geschminkte Minirockträgerinnen tranken in friedlicher Koexistenz Bier oder Piccolos. Geöffnet war von sechs Uhr morgens bis vier Uhr nachts.

Haller mochte die eher exotische Mischung der Gäste, und er mochte die Öffnungszeiten. Damals, als seine Scheidung lief, war die Kneipe mit dem 1960er-Ambiente ein sicherer Hafen für ihn gewesen.

»Na, Harry«, scholl es ihm fröhlich von der Theke entgegen. »Heute wieder Bumm-Bumm machen?«

Wodka Bumm-Bumm – den hatte er total vergessen.

»Nee«, rief Haller zurück »Heute besser nicht.«

»Hallo, Harry«, begrüßte ihn Andy, der hier auch schon seit Ewigkeiten Stammgast war. Der stark übergewichtige Mann mit der Stirnglatze blieb immer in der Nähe der Theke. Denn er verschwendete nicht gern Zeit, wenn es darum ging, zügig an Alkohol zu kommen. Wenn er genug davon intus hatte, erzählte er gern von der Zeit der Häuserkämpfe im Frankfurter Westend. Damals waren er und der heute ebenfalls stark übergewichtige Joschka Fischer noch leichtfüßige und durchtrainierte Straßenkämpfer gewesen. Allerdings hatte Fischer es zum Außenminister und Berater großer Unternehmen gebracht, während Andy als Frührentner von der Grundsicherung lebte.

»Harry, kannst du mir ’nen Zwanni pumpen?«, fragte Andy erwartungsgemäß. Sein Optimismus war unerschöpflich, dass noch irgendjemand Hoffnung auf eine lichtvolle Zukunft hatte, in der Andy das Geld zurückzahlen könnte.

»Andy, würd ich gern, kann ich aber nicht. Meine Ex-Frau hat schon jeden Zwanni von mir und auch die meisten der größeren Scheine«, antwortete Haller ebenso erwartungsgemäß, zuckte mit den Schultern und zeigte seine leeren Hände. »Aber da kommt ja Alexander, frag den doch.«

Alexander Wagner arbeitete als Redakteur bei einer Frankfurter Zeitung, die lange Zeit als Flaggschiff des Linksliberalismus galt. Wagner hatte die große Ära seiner Zeitung noch miterlebt und musste dann zusehen, wie das einstige Flaggschiff in finanzielle Nöte geriet und ihm schließlich ziemlich viel Wind aus den Segeln genommen wurde. Dann wurde das Blatt von der anderen bekannten Frankfurter Zeitung aufgekauft. Wagner hatte früher überregionale Politik gemacht und war jetzt im Frankfurtteil gelandet. Das war zwar nicht wirklich befriedigend, aber er hatte immerhin noch seinen Job, was sich nicht von all seinen Ex-Kollegen behaupten ließ.

»Nee, Andy, ich brauch jeden Euro selbst. Die Medien kränkeln, die Journalisten landen auf der Straße, und ich muss schon für die kommenden noch schlechteren Zeiten sparen. Ich bin achtundvierzig. Wer würde mich noch nehmen, wenn mal die Klappe fällt?«, sagte Wagner ohne erkennbares Bedauern. Andys Dauerkrise ließ sich erfahrungsgemäß durch das Verleihen von Geld nicht beheben.

Alles Bare, das ihm Wagner schon geliehen hatte, war verdampft wie der berühmte Tropfen auf dem heißen Stein.

Wagner setzte sich an die Theke und orderte gerade ein Bier, als Rudi auftauchte. Im bürgerlichen Leben hieß er Professor Dr. Rudolf Bergmann, von Beruf Chefarzt der Chirurgie im Klinikum Frankfurt Höchst. Andy trug umstandslos nun Rudi sein Begehren vor.

Bergmann schüttelte schon den Kopf, bevor Andy seine einfache Bitte komplett vorgetragen hatte.

»Nee, leider nicht. Wenn du mich früher gefragt hättest: jederzeit. Aber mittlerweile sind, wie ihr wisst, große Teile meiner Altersvorsorge Geschichte, weil ich den Beratern einer Bank vertraut habe. Erst später habe ich erfahren, dass dieses spezielle Institut in Bankerkreisen die ›Na-Claro-Bank‹ genannt wird, weil die auch Geschäfte machen, von denen seriösere Geldhäuser die Finger lassen.«

Der distinguiert wirkende Mittfünfziger joggte fast jeden Tag seine zehn Kilometer. Ähnlich ausdauernd, aber erfolglos war er lange Zeit seinem verlorenen Geld hinterhergelaufen.

»Das hättest du bei deinen Kontakten auch vorher wissen können«, stichelte Haller und leerte sein Bierglas mit einem Zug.

»Irgendwie muss da einfach mein Gehirn ausgesetzt haben.«

Bergmann strich sich durch sein graumeliertes Haar. Haller dachte an sein eigenes Haar, ein unerfreuliches Straßenköterbraun mit massivem stumpfem Grau durchmischt. Er würde niemals distinguiert aussehen.

»Klar, Rudi«, schaltete sich Wagner ein, ganz Profi-Journalist, der immer alles besser wusste. »Weil du einfach bei diesen Renditeversprechen nur noch von deiner Gier gesteuert wurdest. Wenn du mir vorher von dieser Bank erzählt hättest, hätte ich dich gewarnt.«

»Diese Banker sind sowieso alle Drecksäcke«, trug Andy seinen Teil zum Gespräch aus dem Keller der gesellschaftlichen Hackordnung bei. »Aber denen passiert natürlich gar nichts.«

Wenn du dich da mal nicht täuschst, sinnierte Haller und dachte an Katharina Sander.

Als er die Kneipe verließ und sein Handy wieder anschaltete, war alles ruhig.

Er hatte keinen Anruf auf der Mailbox.

In diesem Augenblick ahnte er, dass dies nur die Ruhe vor dem Sturm sein konnte.

Hel

Island. Aktive Vulkanzone. Vor zwanzig Jahren.

Ich betrat den schwarzen Lavabogen und sah nach unten in die schäumende Tiefe. Jäh überfiel mich die Angst und griff nach meinem Herzen wie ein lebendiges Wesen aus übler Schwärze. Kalter Schweiß trat auf meine Stirn und mir wurde schwindelig. Unsicher tastete ich mich über die feuchte und rutschige Lavabrücke, deren Ränder keinen Halt boten. Von hier aus gab es nur den Absturz in den Wasserfall mit Endstation Grenzfluss zur Unterwelt. Als in der Mitte der Brücke meine Beine heftig zitterten, hörte ich Einars lauten Ruf.

»Lauf, Jan!«

Dann erkannte ich, dass nicht meine Beine zitterten, sondern die Lavabrücke. In dem Moment fing der Stoff an zu wirken. Ich rannte, rannte wie noch nie. Leichtfüßig auf den Schwingen der Drogen, die mich sicher über den Abgrund bringen würden. Schwarze Rauchsäulen verdunkelten die Sonne, Ascheregen fiel vom Himmel und in der Ferne sah ich verzückt rot glühende Lavaströme fließen. Fast wäre ich stehen geblieben, um den Anblick zu genießen, aber Einars Stimme trieb mich weiter. Islands aktivster Vulkan, die Hekla, spie flüssiges Gestein aus dem Krater, in dem Christen im Mittelalter nicht nur den Eingang zur Hölle, sondern die Hölle selbst vermuteten.

›Hölle, Hell, Hel – das war schon mehr als ein zufälliges Zusammentreffen‹, dachte ich und lief, als ob alle Teufel hinter mir her wären.

Als Einar und ich das Ende der Brücke erreicht hatten, brach sie zusammen. Der erstarrte schwarze Lavabogen stürzte laut klatschend in den schäumenden Wasserfall. Kurze Zeit später ertönte ein schauriges gespenstisches Geheul, das klang, als schrien die verlorenen Seelen, denen der Weg ins Totenreich versperrt war, in ewiger Pein. Ich hielt mir die Ohren zu, um diesen Abgrund an Verzweiflung nicht in mich zu lassen.

»Hel hat ihren Laden für den Moment dichtgemacht«, erklärte mir Einar, der meine Hände herunterzog. »Offenbar hat sie das, was sie wollte.«

Ich brachte kein Wort heraus und die Panik floss wie ein Feuerstrom durch meine Adern. Die Angst wurde noch weiter geschürt, als ich den gigantischen schwarzen Hund sah, der ein schauriges und gespenstisches Geheul ausstieß. Wortlos und mit vor Schrecken weit aufgerissenen Augen zeigte ich mit zittrigen Fingern auf die Bestie. Einar drehte sich um und musterte das gewaltige schwarze Tier.

»Ach, den kenne ich. Garm, komm her«, lockte Einar den pechschwarzen Hund, und das Tier trottete schwanzwedelnd über das schwarze Lavageröll auf sie zu. »Wenn er hier ist, dann ist auch seine Besitzerin nicht weit.«

Einar tätschelte den Kopf des Tieres, das für alle Höllenhunde aller Epochen Modell gestanden haben könnte. Offenbar verstand sich Einar sehr gut mit der Bestie. Wie konnte so etwas sein? Und dann setzte Einar noch einen drauf.

»Wir gehen Garms Herrin suchen.«

Der Anblick des Höllenhundes hatte mir eigentlich schon gereicht. Wie mochte erst seine Besitzerin aussehen?

Der Ascheregen fiel weiter vom Himmel und färbte uns schwarz. Wir gingen durch eine Landschaft, die dem Tod gehörte. Keine Pflanze war zu sehen, kein Tier begegnete uns. Es war absolut still. Unter unseren Absätzen knirschte das dunkle Geröll. Wir schritten unter dem kläglichen Licht einer fahlen Sonne durch eine schwarze Wüste. Es war ein Marsch der Verdammten, die bestimmt waren, bis in alle Ewigkeit durch diese Trostlosigkeit zu schreiten. Immer wieder bebte die Erde unter unseren Füßen. Geysire schossen ihre Ladung in die Luft. Weißer Rauch stieg aus den Schlünden, in der Ferne quoll rotes Magma aus den Eingeweiden der Insel. Das Blut der Erde floss in zähen Strömen und ich spürte, dass auch das Blut in meinen Adern zäher floss.

Um uns herum war die Lava schon vor langer Zeit zu einer schwarzen Flut erstarrt, aus der bizarre Formen ragten. Wir mussten turmhohe Auswüchse und riesige Trichter versteinerter Strudel umgehen. Dunkle Lavapilze ragten aus dieser Welt, die so fremdartig wirkte, als wären wir nicht mehr länger im Reich der Menschen. Meine Instinkte sendeten unaufhörlich die Art von Alarmsignalen aus, die Menschen seit Jahrtausenden vor Gefahren warnten, die mehr als das Leben kosten können. Wie die Begegnung mit einem seelenverschlingenden Dämon oder Schlimmerem. Garm schien das nicht zu spüren, oder es machte ihm nichts aus, der Höllenhund wirkte jedenfalls sehr vergnügt. Ich war mir jetzt sehr sicher, es würde die Begegnung mit dem Schlimmeren werden.

Wir stiegen eine zerklüftete schwarze Anhöhe herauf, die anscheinend von versteinerten Trollen und Riesen bedeckt war. Zwischen den bizarren Skulpturen schlängelte sich ein auf ewig zu skurrilen Blasen und alienhaften Auswüchsen erstarrter Strom aus flüssigem Gestein. So musste die Welt am Anbeginn der Zeiten ausgesehen haben, wild und voller Feindschaft gegen jedes Leben.

Ich sah einen gewaltigen Drachen mit einem mächtigen Schuppenkamm, der sich am Ufer des schwarzen Stroms ausbreitete, auch er war aus erkalteter Lava geformt worden. Obwohl sie leblos zu sein schienen, hatte ich das unbehagliche Gefühl, als wären all diese roh gestalteten Figuren lebendig und würden uns belauern. Ängstlich blickte ich mich immer wieder um, aber sie kamen nicht, um uns zu holen.

Als wir schließlich vor einem gewaltig klaffenden Spalt standen, schoss Garm an uns vorbei in die Finsternis. Wobei er Laute von sich gab, die klangen, als wäre er auf der Jagd nach den Seelen der Verdammten. Dann lag nur noch Stille über dem schwarzen Lavameer, das so wirkte, als stünden wir auf einem fernen Planeten oder auf dem Grund der Tiefsee, fern der Welt der Menschen. Geformt von uralten Mächten, die der Menschheit feindselig gegenüberstanden oder sie einfach nicht einmal wahrnahmen, und sie trotzdem zerquetschten, so wie ein Spaziergänger achtlos auf Ameisen tritt.

Ich fühlte mich wie ein Insekt, dessen Schicksal schon besiegelt war. Gleich würde ich zerquetscht werden. Ich wollte raus aus diesem Albtraum, aber die Drogen hielten mich eisern im Griff. Und ich konnte absolut nicht mehr entscheiden, wohin die Reise ging, selbst wenn ich als zerquetschtes Menscheninsekt endete.

›Jetzt ist es so weit‹, dachte ich, als ich die Frau sah, mit der Garm zurückgekehrt war und am Eingang ins Innere der Erde stand. Wie sie so nebeneinanderstanden, wirkten sie, als hätte die Finsternis sie geformt und sich entschlossen, Albträume aus der Unterwelt auf der Oberfläche der Welt wandeln zu lassen. Wie Astronauten der Dunkelheit, die als ihre Vorhut die Planeten des Lichts für eine spätere Kolonisierung erkunden sollten.

Mir schien es, als leuchteten Garms Augen rot, sein tiefschwarzes Fell stand im auffälligen Kontrast zu dem Augenfeuer und dem massiven weißen Raubtiergebiss, aus dem die Eckzähne ragten. Sabber troff von seinen Lefzen. Und ein Knurren, das aus den Tiefen der Erde zu kommen schien, vollendete seine Erscheinung endgültig zu dem, was er eigentlich schon immer gewesen war: ein Höllenhund.

Ich musste das Wort ›Höllenhund‹ laut ausgesprochen haben, denn Einar sah mich an.

»Nicht Höllenhund. Hels Hund«, korrigierte er mich und deutete auf die Frau, die neben Garm stand.

Sie trug einen langen schwarzen Umhang mit einer Kapuze, die ihr Gesicht verhüllte. Als sie die Verhüllung zurückschlug, sah ich, dass die rechte Gesichtshälfte blauschwarz gefärbt war, wie bei einer Leiche in Verwesung. Ihre linke Gesichtshälfte war dagegen das Antlitz einer schönen jungen Frau. Sie öffnete den Umhang und hielt mir ihre rechte Hand zum Handkuss entgegen. Sie hatte dieselbe Leichenfarbe wie ihre rechte Gesichtshälfte und ihr rechter Arm. Ich brauchte mir nicht länger darüber Gedanken zu machen, welche Gestalt das Grauen haben würde, das ich mit jeder Faser meines Körpers gespürt hatte. Es stand deutlich sichtbar vor mir.

»Du weißt doch wohl, wie man eine Göttin begrüßt«, sagte Hel und schenkte mir ein Lächeln, das nur zur Hälfte angenehm aussah. Für mich war dieser Mix aus dem Lächeln einer schönen jungen Frau und einer Leiche endgültig zu viel. Mir wurde schwarz vor Augen.

Als ich erwachte, lag ich auf einem harten Untergrund, der an vier Ecken durch aufgetürmte Köpfe in unterschiedlichen Stadien der Verwesung begrenzt war. So viel konnte ich im Licht der Fackeln an den Wänden erkennen. Einige Köpfe waren offenbar erst kürzlich hinzugekommen, bei anderen schien das verwesende Fleisch herabzutropfen, wieder andere wimmelten vor Maden und von anderen waren nur noch die Knochen vorhanden. In den leeren Augenhöhlen tauchten gelegentlich Ratten auf, die sich mitten in diesem Festbankett häuslich eingerichtet hatten und manchmal kleine Fleischfetzen zwischen ihren Zähnen davontrugen.

Voller Ekel und Angst wollte ich dem furchtbaren Schauspiel nur noch entkommen, doch ich konnte mich nicht rühren. Schwere Ketten an Hand- und Fußgelenken hinderten mich an jeder Bewegung. Meine Arme wurden dabei nach oben ausgebreitet und meine Beine gespreizt. Ich schöpfte kurz Hoffnung, als sich Einar über mich beugte, aber das verflog rasch, als Hels Gesicht neben dem meines ›Guides to the Gods‹ auftauchte. Mein Herz pochte, als würde es versuchen, sich durch meinen Brustkorb zu sprengen, um abzuhauen.

»Wie kann es sein, dass tausend tote Männer über meine Brücke gehen können, und sie zusammenbricht unter dem Gewicht eines Lebenden?«, zischte Hel. »Gib mir meine Toten wieder.«

»Erinnere dich an die Prophezeiung«, sagte Einar. »Es ist nicht seine Schuld. Er ist der erwählte Vitki am Ende der Zeiten.«

»Wirklich der?«, fragte Hel und lächelte verächtlich, was besonders auf der Leichenhälfte ihres Gesichts sehr eindrucksvoll wirkte.

»Ja«, antwortete Einar, »auch wenn man es kaum glauben kann.«

»Dann habe ich etwas für ihn«, sagte Hel. Als sie mit den Fingern schnippte, lösten sich meine Ketten. Augenblicklich schöpfte ich wieder Hoffnung. Anscheinend durfte ich weiterleben. Als ich mich langsam erhob, griff Hel in die Luft und hielt plötzlich einen schwarzen Samtbeutel in der Hand, der farblich sehr gut mit dem blauschwarz ihrer Leichenseite harmonierte.

»Der ist für dich«, sagte sie zu mir und reichte mir den Beutel, den ich mit zitternden Händen entgegennahm. »Öffne ihn.«

Ich öffnete den Samtbeutel, an dem eine Art Halskette aus Metall mit eingravierten Runen befestigt war, griff hinein und holte etwas heraus, das ich genauer musterte. Es war ein kleiner menschlicher Knochen, anscheinend ein Fingerglied, in das ein Zeichen geritzt und rot gefärbt worden war. Es war eine Rune, und es war nicht die einzige darin.

»Ein Vitki hat den Beutel von der Gjöll-Brücke in mein Reich geworfen. Das war, bevor die Häscher ihn auf der

Flucht nach dem Mord an der Tochter eines Adeligen stellten und auf der Stelle umbrachten. Ihr Blut auf ihrem Knochen, in den er die Rune geritzt hatte, war noch frisch«, erzählte Hel. »Als der Runenhexer dann tot war, spazierte er ganz gemütlich über die Brücke, und wir haben uns lange unterhalten. Dabei hat er mir erzählt, dass der prophezeite Vitki am Ende der Zeiten sehr viel wegen Ragnarök tun kann.«

»Wie du dir vorstellen kannst, ist das Ergebnis der Endschlacht zwischen Gut und Böse für keine der beiden Seiten befriedigend«, raunte Einar mir zu.

»Am Ende werden die Neun Welten in einem Feuerbrand ausgelöscht, aber vorher werden alle vernichtet, die in die letzte Schlacht gezogen sind«, ergänzte Hel. »Das hat mir nie gefallen.«

»Götter, Riesen, Walküren, Zwerge, Elben, Menschen, Odins Krieger aus Walhalla, Helden, die auf dem Schlachtfeld gefallen sind, deine Armee der Toten – das nenne ich mal reinen Tisch machen«, sagte Einar.

»Einen reinen Tisch für die Lichtgestalt Baldur und seine neue Welt, die nach Ragnarök beginnt. Eine Welt ohne Verrat, Lüge oder Mord«, bemerkte Hel hörbar angewidert. »Wer will schon in so einer Welt leben? Ich nicht und Odin übrigens auch nicht.«

»Und deswegen wird der Vitki am Ende der Zeiten Ragnarök stoppen und alles bleibt, wie es ist. Ragnarök ist zwar das Schicksal, das sich eigentlich erfüllen muss, aber der Vitki kann sogar das Schicksal ändern«, führte der ›Guide to the Gods‹ aus, der offenbar auch noch einen anderen Job als eine Art Götterbote hatte. »Hel, ich soll dir von Odin ausrichten, dass er damit einverstanden ist. Du kannst Baldur auch behalten, den schenkt er dir. Was soll ich ihm sagen?«

Hel überlegte nur kurz und erklärte dann entschieden: »Ich bin einverstanden.«

»Auch wenn das heißt, dass dein Vater Loki und dein Bruder, der Fenriswolf, auf ewig Gefangene der Asen bleiben?«

»Ach, weißt du«, sagte Hel. »Die Bedeutung von Verwandtschaft wird bei Göttern maßlos überschätzt.«

In diesem Augenblick bebte der Boden, das Geheul eines gewaltigen Wolfes und die lauten Schreie und verheerenden Flüche Lokis erschütterten Hels unterirdisches Reich. Ein namenloses Grauen erfasste mich, nicht zum ersten Mal, seitdem ich das Totenreich betreten hatte. Mein Körper rebellierte, und ich begann, unkontrolliert zu zittern.

»Was für lächerlich empfindliche Wesen die lebenden Menschen doch sind«, kommentierte Hel das angeekelt. »Ich weiß schon, warum ich mich nur mit den Toten umgebe. Und jetzt geht.«

Mit einer unwirschen Handbewegung wies sie uns den Weg nach draußen.

Die Meute füttern

Als Hallers Telefon klingelte, hörte er schon an der Art des Tons, dass es Ärger gab. Das Klingeln klang gleichzeitig aggressiv und zutiefst resigniert. Haller hob trotzdem ab.

»Hier brennt die Luft.« Der Kollege aus der Pressestelle klang gehetzt. »Wir haben Anfragen von Journalisten zum Mord an einer Bankerin. Und wir haben einen Übertragungswagen, Fotografen und noch andere aus der Zunft vor dem Wohnhaus des Opfers. Die sind ausgeschwärmt und befragen die Nachbarn. Auch bei den Eltern der Toten haben sie schon geklingelt. Wir brauchen den Ermittlungsstand für eine Stellungnahme.«

Haller wusste aus Erfahrung, dass er die Meute jetzt füttern musste, sonst würde die sich ihr Futter selbst suchen und Polizei sowie Staatsanwaltschaft völlig die Kontrolle verlieren.

»Gib mir einen Moment«, sagte Haller. »Ich melde mich.«

Aber zuerst machte er noch einen kleinen Ausflug auf die Herrentoilette und klebte sich Nikotinpflaster auf. Das machte er häufig, wenn es mal wieder länger dauern konnte. Im Büro durfte er ja nicht rauchen. Auch auf Zugfahrten oder in Flugzeugen hatte er immer einen größeren Vorrat dieser Pflaster bei sich.

Anschließend informierte Haller die Staatsanwältin und seinen Chef über die Lage und schlug eine Pressekonferenz vor, um Dampf abzulassen und das Ganze in halbwegs geordnete Bahnen zu lenken. Beide waren einverstanden.

»Wir machen heute um zwölf Uhr hier eine Pressekonferenz«, informierte Haller den Kollegen in der Pressestelle. »Gib das an die Medien weiter.«

Er konnte nur hoffen, dass das wirkte. Trotzdem würden Fotografen und Kameraleute weiter vor dem Haus der Ermordeten und dem ihrer Eltern warten und versuchen, O-Töne zu bekommen oder, besser noch, ein Foto der Toten. Haller wusste, dass man unter Journalisten diese Art von Kollegen ›Witwenschüttler‹ nannte. Ein sehr bildhafter Begriff für diejenigen, welche die traumatisierten Angehörigen solange belagerten und belaberten, bis die ein Bild des Opfers herausrückten.

Das gelang auch häufig deswegen, weil sie sehr überzeugend Anteilnahme heucheln konnten. Witwenschüttler hatten nicht den besten Ruf bei ihren Kollegen. Einmal aus ethischen Gründen, aber auch, weil die sich bei Redaktionskonferenzen häufig die gefürchtetste Frage anhören mussten, die Chefredakteure stellen konnten: ›Warum haben wir das nicht?‹

Haller griff zum Telefon und rief Alexander Wagner an. Als der abhob und sich meldete, sagte Haller: »Wir haben hier um zwölf Uhr eine Pressekonferenz.«

»Ich weiß«, sagte Wagner und klang nur mäßig interessiert. »Lass mich raten. Es geht um den Mord an der Bankerin Katharina Sander, der sehr an ein Menschenopfer erinnert.«

»Woher weißt du das? Wir haben doch gar keine Pressemitteilung rausgegeben.«

»Denk mal nach, wie viele Leute davon wussten. Irgendwer quatscht immer. Außerdem wurden uns schon

Fotos vom Tatort angeboten. Aber wir haben darauf verzichtet.«

Haller hasste diese Durchstechereien, aber in den Zeiten der Handyfotos war es eben auch problemlos möglich, solche Bilder aufzunehmen. Er wurde den Verdacht nicht los, dass der Concierge, der die Leiche gefunden hatte, sich ein kleines Zubrot verdienen wollte. Dabei war er beim Streuen der Information zu gierig geworden und hatte sie gleich mehrfach weiterverkauft, was den Auftrieb vor dem Haus der Toten erklären würde.

Noch vor der Pressekonferenz trafen sich Haller, die Staatsanwältin Rebecca Strauch sowie die Pressesprecher von Staatsanwaltschaft und Polizei zu einer Vorbesprechung.

»Woher hatten die Journalisten die Informationen?«, fragte die Staatsanwältin und sah Haller an. Der Hauptkommissar bemerkte einen offenen Vorwurf in diesem Blick.

»Keine Ahnung.« Was sollte er auch sonst sagen?

»Das werden wir wohl jetzt nicht klären können. Was sagen wir der Presse?«, wollte sie wissen und musterte Haller mit einem abschätzigen Blick. Denn, im Gegensatz zu ihr, verstand dieser Mann ja nichts von den Fallgruben in den eisigen Höhen der politischen Hierarchie. Sie war dem Justizminister verantwortlich, der sie jederzeit absägen konnte. Sie stand also sehr viel massiver unter Feuer als der Kriminalhauptkommissar Haller.

Sie sprachen ihre Taktik ab. Es war klar, dass sie alle notwendigen Informationen geben, aber auch Täterwissen zurückhalten würden. In Vernehmungen hatte genau solch exklusives Wissen die Schuldigen schon häufig entlarvt. Und außerdem wussten sie, dass sie es nicht mit einem Trittbrettfahrer zu tun hatten, wenn der Täter mit diesen Informationen Kontakt zu ihnen aufnehmen sollte.

Als sie schließlich den Raum betraten, in dem die Pressekonferenz stattfinden sollte, waren alle vierzig Sitze bis auf den letzten Platz gefüllt. Die Gespräche verstummten, stattdessen wurde es trügerisch still im Saal, Haller spürte die Blicke, die ihm auf seinem Weg folgten. Einige hätte schon das verunsichert, aber er schüttelte das routiniert von sich ab, schließlich war das nicht seine erste Pressekonferenz.

Später würden die Journalisten ihn und die anderen mit ihren Fragen löchern. Hinter den Stuhlreihen hatten Kamerateams ihre Apparate aufgebaut. Haller, die Staatsanwältin und die Pressesprecher nahmen hinter ihren Namensschildern Platz. Vor ihnen auf dem Tisch waren Mikrofone mit den Emblemen der Sender aufgebaut. Öffentlich-rechtliche und Private standen einträchtig nebeneinander auf ihren kleinen Stativen, alle gedreht in eine Richtung wie eine Meute auf der Jagd, welche die Witterung aufnimmt. Und genau das würde es werden – eine Jagd.

Die Staatsanwältin eröffnete den Reigen.

»Eine Bitte, bevor es losgeht. Machen Sie Ihre Fotos bitte gleich zu Anfang. Sie stören sonst später Ihre Kollegen.«

Sofort brach das Blitzlichtgewitter los. Als das beendet war, las die Staatsanwältin von einem Blatt ab:

»Die Investmentbankerin Katharina Sander wurde in der Nacht vom 15. auf den 16. Juli in ihrem Loft ermordet. Zuvor hatte sie mit einem unbekannten Mann *Gekkos*

Bar gegen 23 Uhr verlassen. Wir suchen Zeugen, die Katharina Sander mit dem Mann auch noch nach dem Verlassen der Bar gesehen haben. Das Opfer war eine auffällige Erscheinung. Sie war schlank, eins fünfundsiebzig groß, hatte langes blondes Haar. Katharina trug ein schwarzes Prada-Business-Kostüm und lilafarbene Louboutin-Stiefeletten aus Wasserschlangenleder – das sind die Schuhe mit den roten Sohlen –, als sie die Bar verließ. Wir geben Ihnen nach der Pressekonferenz noch ein Foto der Ermordeten mit. Für sachdienliche Hinweise, die zur Aufklärung führen, ist eine Belohnung von 250.000 Euro ausgesetzt.«

Ein Raunen ging durch die versammelten Journalisten. Die Belohnung war so hoch, weil Katharina Sanders Eltern den größten Teil davon übernommen hatten. Die Staatsanwältin wartete einen kurzen Moment, musterte mit heimlicher Verachtung die Meute und fuhr dann fort.

»Entdeckt wurde die Tote, weil sich ein Kollege aus der Bank Sorgen gemacht hatte, als Frau Sander nach ihrem freien Tag nicht zur Arbeit erschien. Der hat dann den Concierge verständigt, der schließlich die Leiche gefunden hat. Katharina Sander wurde erstochen und der Mörder hat ein Zeichen an der Wand hinterlassen, das wir als eine Rune identifiziert haben. Auch das Bild geben wir Ihnen nachher mit. Ihre Fragen bitte.«

»Ja, hier vorn, Herr Sturm, bitte.«

Der Pressesprecher der Staatsanwaltschaft eröffnete die Fragerunde. Anton Sturm war Polizeireporter eines bekannten Boulevardblattes mit sehr viel Einfluss.

»Was sagt die Polizei dazu, dass in der Bankenstadt Frankfurt eine Investmentbankerin Opfer eines blutrünstigen Ritualmords wurde?«

»Wie kommen Sie auf einen blutrünstigen Ritualmord?«, fragte die Staatsanwältin.

»Ach kommen Sie«, sagte Sturm spöttisch. »Uns wurden schon Fotos vom Tatort angeboten. Ist das der Anfang einer Serie? Haben wir es mit einem Serienkiller zu tun, der wieder zuschlagen wird? Wir haben hier ständig hochrangige Banker in der Stadt und internationale Kongresse der Finanzwirtschaft. Das wäre doch das ideale Jagdrevier für einen Bankerripper.«

Da war auch schon das schlimme Wort gefallen. Haller konnte förmlich die Schlagzeilen und Geschichten über den Journalistenköpfen durch den Raum schwirren sehen. Das konnte die Staatsanwältin aber offenbar auch, die ihn jetzt ins Spiel brachte.

»Herrn Hauptkommissar Haller kennen die meisten von Ihnen ja sicherlich. Er ist der Chefermittler der Mordkommission, wie Sie wissen. Herr Haller, bitte.«

»Es gibt keine Hinweise auf einen Serientäter«, versuchte Haller, Fahrt aus der Sache zu nehmen. »Wir haben es bisher nur mit einer einzigen Tat zu tun. Es ist nicht klar, warum Katharina Sander ermordet wurde, aber dafür gibt es auch andere mögliche Motive. Wir ermitteln in alle Richtungen.«

»Auch in Richtung Rechtsextremismus? Runenzeichen könnten ja auch auf einen solchen Täterkreis hinweisen. Nicht, dass euch wieder rechtsradikale Serienkiller über Jahre durch die Lappen gehen, wie beim NSU«, unkte Wagner.

Haller mochte Wagner gerade gar nicht. Im Augenblick war das nicht der nette Stammgast aus dem *Moseleck*. Wagner war so etwas wie der Leitwolf für den linksliberalen Flügel der Berichterstattermeute. Allerdings gab es nicht mehr besonders viele von dieser politischen Richtung.

»Wir ermitteln in alle Richtungen und haben den Polizeilichen Staatsschutz eingeschaltet«, sagte die Staatsanwältin.

»Würden Sie den Killer als irre bezeichnen?«, setzte Sturm routiniert nach.

Der ließ so schnell nicht locker, wenn er eine Story am Wickel hatte. Deswegen lief er auch bei Haller und dessen Kollegen unter dem Namen ›Der Terrier‹, manchmal auch unter ›Der miese Terrier‹. Einige kürzten das Ganze ab und nannten ihn nur ›der Miese‹. Das alles natürlich nur, wenn sie sich sicher sein konnten, dass Sturm sie nicht hörte. Denn ›der Miese‹ konnte wirklich sehr mies werden.

»Der Mord wurde zwar mit einer ungeheuren Brutalität begangen, aber dennoch sehr überlegt und systematisch. Nein, als irre, im Sinne von wahnsinnig, würde ich den Täter nicht bezeichnen«, erklärte die Staatsanwältin und versuchte damit, wieder Sachlichkeit in die Pressekonferenz zu bringen. Aber dann kam eine Attacke aus einer ganz anderen Richtung. Und die begann, als der Pressesprecher der Staatsanwaltschaft dem nächsten Journalisten das Wort gab.

»Ja, bitte, Herr Ambrosius.«

»Hat es der Täter möglicherweise auf die Leistungseliten der Finanzwirtschaft abgesehen?« Ambrosius trug einen teuren Anzug, was ihn ganz erheblich von Anton Sturm unterschied, der ausschließlich in Jeans und Lederjacke auftrat, der sich als Reporter des Volkes verstand.

Der teure Anzug schrieb für ein konservatives Blatt, dem große Nähe zur Wirtschaft nachgesagt wurde.

»Allein schon das Gerücht könnte dem Finanzstandort Frankfurt schweren Schaden zufügen. Ich kann mir kaum vorstellen, dass etwa ein hochrangiger Händler von der Wall Street Lust verspürt, nach Frankfurt zu reisen, wenn dort sein Leben in Gefahr ist. Sich umbringen lassen kann der auch in New York. Wie wollen Sie die Stadt sicher machen? Können Sie den Bankern garantieren, dass kein Serienkiller Jagd auf sie macht? Ermitteln Sie auch in Richtung Linksradikale?«

»Aber natürlich. Wir gehen jeder Möglichkeit nach«, sagte Rebecca Strauch und Haller dachte: ›Was für ein Blödmann. Linksradikale begehen Attentate und keine Ritualmorde mit Runen.‹

Nach rund fünfundvierzig Minuten beendete der Pressesprecher der Staatsanwaltschaft die Konferenz. Die Staatsanwältin gab den Fernseh- und Radiosendern noch ein paar Interviews und Haller machte sich auf den Weg in sein Büro.

Der Hauptkommissar hatte den begründeten Verdacht, dass es ziemlich schlimm werden würde, und behielt recht. Sturms Boulevardblatt erschien mit der Schlagzeile *›Der Ripper von Bankfurt‹* und natürlich mit Fotos vom Tatort. Wagner titelte *›Auf dem rechten Auge blind‹* und kam von der toten Katharina Sander irgendwie zu den NSU-Morden. Ambrosius' Artikel hatte die Schlagzeile *›Der Staat schützt seine Eliten nicht‹*.

Trotz aller Unterschiede hatten die Artikel eins gemeinsam: Sie schürten, mal ganz offen, mal unterschwellig, die Angst vor einem Serienkiller, dessen Dolch auf das Herz von Frankfurt zielte – die Banken. Ähnlich handelten auch andere Medien das Thema ab. Für leise Zwischentöne gab es keinen Platz mehr, seit Einschaltquoten und Auflagen die Maximen allen journalistischen Handelns bestimmten. Auch Hallers Foto war überall verbreitet worden. Der Mörder wusste jetzt, wer ihn jagte.

Haller hatte noch mehr getan, um den Mörder stärker auf sich aufmerksam zu machen und ihn zu provozieren. Manchmal konnte man auch die intelligentesten Täter mit den plumpsten Mitteln aus der Reserve locken. Beim Verlassen der Pressekonferenz hatte er Sturm ein Zeichen gegeben, dass er ihn anrufen sollte.

Als sein Handy klingelte, war Sturm in der Leitung.

»Ich sage dir jetzt etwas und du kannst mich gern zitieren: *›Der Mörder hat Katharina Sander in einer sexuell erniedrigenden Pose zurückgelassen, aber er hatte keinerlei Verkehr mit ihr. Ich bin sicher, dass der Mann impotent ist«, erklärte der Chefermittler Harry Haller auf Nachfrage.‹* Hast du das?«

»Na und ob.« Sturm war begeistert.

Das Zitat wurde nicht nur Bestandteil seines Artikels *›Der Ripper von Bankfurt‹*, sondern auch von anderen Medien aufgegriffen und landete bei Twitter & Co. Es war nur noch eine Frage der Zeit, bis die Staatsanwältin, der Polizeipräsident und einige andere davon erfuhren, die Haller wirklich Schaden zufügen konnten. Sie würden ihn sich zur Brust nehmen, das war klar. Berufsrisiko, jedenfalls, wenn man den Beruf so ausübte wie Haller.

Der Hauptkommissar grinste in sich hinein. Am besten für ihn selbst war, wenn er einfach weiter ermittelte oder jedenfalls so tat. Denn dazu musste er zwingend das Präsidium verlassen. Er bat Anna, alle Anrufe auf ihren Apparat umzustellen. Sollte die junge Frau ruhig mal mitkriegen, dass es auch außerhalb des Internets Shitstorms gab. Haller schaltete sein Handy aus, schnappte sich den Dienstwagen und fuhr los zu seiner Imbissbude. Rindswurst im Brötchen, das war es, was er jetzt brauchte und danach eine Zigarette. Ein Nikotinpflaster war eben doch nur ein schlapper Ersatz.

Als er wieder in sein Büro zurückkehrte, bemerkte er, dass ihm Annette bitterböse Blicke zuwarf. Bevor er sie nach dem Grund fragen konnte, tauchte eine erstaunlich entspannte Anna auf. Er ging mit ihr in sein Büro.

»Die Kollegen haben das Notebook und den Arbeitsplatzcomputer von Katharina Sander ausgewertet, aber nichts von Belang gefunden.«

»In Ordnung«, sagte Haller. »Da kann man nichts machen. Sag mal, hattest du nicht in der Zwischenzeit ein paar Anrufe?«

»Ach das. Nein, ich hatte meinen Apparat auf Annette umgestellt. Ich musste ja mit den Kollegen über die Auswertung von Katharina Sanders Arbeitsplatzcomputer und der anderen Geräte sprechen.«

Geysire

Island. Aktive Vulkanzone. Vor zwanzig Jahren.

Einar und ich schulterten unsere Rucksäcke und verließen Hel. Ich fühlte mich umso besser, je weiter wir uns von ihr entfernten. Die Angst wich der Hoffnung, dass wir den Horrortrip hinter uns gelassen hatten.

Und es sah zunächst auch ganz gut aus. Als wir aus der Finsternis ins Licht traten, war die Welt um uns herum nicht länger nur schwarz. Wir sahen sanftes rotes Licht, das schimmernd Hänge hinabglitt, goldene Schleier und silbrige Bahnen, welche die Felsen umwanden und sich die Hänge herab schlängelten. Andere wurden von einem goldenen Schleier bedeckt.

»Warum hat sich die Landschaft so verändert?«, wollte ich wissen und genoss den herrlichen Anblick.

»Weil die Toten jetzt über einen anderen Weg zu Hel gehen, Jan«, antwortete Einar. »Wie der alte Pfad bisher aussah, passte er gut zu Hels Reich. Schließlich will kein Toter, der etwas auf sich hält, durch goldene Lichtschleier ins Totenreich gehen. Wir müssen jetzt auch einen anderen Weg wählen, um zu unserem Geländewagen zurückzukommen.«

Zielsicher stapfte Einar auf die Feuerberge zu, ich trottete wortlos hinterher. Das Farbenspiel um uns herum war noch intensiver geworden. Schließlich erreichten wir eine Schlucht, aus der das entfernte Fauchen von Geysiren klang.

»Bald wird es dunkel«, sagte Einar. »Es macht absolut keinen Sinn, wenn wir jetzt weitergehen. Es ist zu gefährlich.«

Der geübte Guide Einar baute erst mein, dann sein kleines Zelt auf. Ich fand nicht mehr die Kraft für ein Gespräch, war zutiefst erschöpft, wollte nur noch schlafen, kroch in mein Zelt und machte es mir in meinem Schlafsack auf der Isomatte bequem.

Ich schlief ein und wurde geweckt von einem Dröhnen, das aus der Schlucht kam. Das Fauchen der Geysire war in ein lärmendes Stakkato übergangen. Ich schälte mich aus meinem Schlafsack und öffnete den Reißverschluss meines Zeltes. Weißer Dampf quoll aus der Schlucht, ein rötlicher Schein lag in der Luft. Es war wie in der gigantischen Schmiede eines Gottes.

Was auch immer dieser Gott geschmiedet haben mochte, aus der Schlucht brachen achtzehn Reiter hervor, geisterhafte Männer und Frauen, auf fahlen Pferden. Sie hielten zielstrebig auf mich zu, bildeten einen Kreis und hielten mir anklagend die rechte Handfläche entgegen. Ich sah, dass ihnen allen der Zeigefinger der rechten Hand fehlte.

»Gib uns unsere Knochen zurück und unser Blut«, dröhnte eine laute Stimme in meinem Kopf.

»Und mach, dass die Musik aufhört und unsere Qual«, flehte eine andere Stimme.

»Er wird nichts tun. Wir holen uns zurück, was unser ist«, flüsterte es in meinem Hirn.

Langsam ritten sie auf mich zu, kamen immer näher, Geisterfinger tasteten nach dem Runenbeutel an meinem Hals und zerrten ungeduldig daran.

Als der Samtbeutel unter dem Ansturm zerriss und die Runen herausfielen, spürte ich eine uralte Macht, die mich mit ihnen verband. Ich hörte ihr Flüstern und Raunen aus den Abgründen der Welt vor ihrer Geburt. Die Runen stürzten nicht zu Boden, sämtliche Gesetze der Schwerkraft verhöhnend schwebten sie in der Luft, während ein rötliches Licht von ihnen ausging. Dann bewegten sie sich, drehten sich in einem Kreis, in dem sie sich immer schneller bewegten, während ich auch meinen rechten Zeigefinger immer schneller im Kreis drehte.

Sie stiegen höher und höher. Das rötliche Licht um sie herum verwandelte sich in ein rotes Licht, aus dem Blitze schossen, während aus dem Runenkreis ein immer bösartiger klingendes Summen ertönte. Als der erste Blitz einen der toten Reiter traf, wurde er auf der roten Bahn in eine Rune eingesaugt. Die anderen versuchten zu fliehen, aber die summenden Runen holten sie mit ihren Blitzen ein. Und alle wurden unter markerschütternden Schreien aufgesaugt. Danach steuerten die Runen mich an und sanken langsam wie in Zeitlupe vor meine Füße nieder. Die Runen wirkten so zufrieden und satt auf mich wie ein Raubtierrudel nach der erfolgreichen Jagd. Ich konnte dies sehr gut nachvollziehen, weil auch ich so fühlte.

»Es scheint so, als könntest du einen neuen Beutel für die Runen brauchen«, hörte ich Einars Stimme.

»Warum hast du mir nicht geholfen?«, fragte ich zornig.

»Ich war mir sicher, dass du das auch allein schaffst.«

»Und wenn ich es nicht geschafft hätte?«

»Dann wärst du wohl doch ganz offenkundig nicht der prophezeite Vitki gewesen«, sagte Einar mit einer aufreizenden Gelassenheit, die mir nicht gefallen wollte. »Ich bin auch ein Vitki. Drei Runen in dem Beutel habe ich geerntet. Aber dann wurde mir von der Bruderschaft aufgetragen, zu warten und zu schlafen, bis sich der Vitki am Ende der Zeiten zeigt. Ich sollte ihn zu den Runen bringen, die den Erwählten und seine Magie erkennen würden.«

»Ich habe noch nie zuvor Magie in mir gespürt.«

»Und doch ist sie da. Du hast die Runen schweben, tanzen und töten lassen. Sie haben dabei vor Vergnügen gesummt. Keiner aus der langen Reihe unserer Bruderschaft der Blutrunen hätte das gekonnt.«

Als ich spürte und wusste, dass er die Wahrheit sagte, durchpulste mich pure Macht. Ich sah die Vitkar vor mir, die mir den Weg bereitet hatten, aber soviel weniger vermochten als ich, und gab mich ganz dem wilden Triumph hin.

Am nächsten Tag fühlte ich eine ganz neue Kraft in mir. Alles Ängstliche und Unentschlossene war von mir abgefallen, als hätte es nie existiert. Ich zauderte nicht länger, ich hatte meine Aufgabe in der Welt gefunden, und die war von erhabener Größe. Bevor Einar bei mir war, hatte ich schon den Pfad betreten, der uns endgültig zurück in die Welt der Lebenden führen würde.

»Warte«, hörte ich Einar hinter mir. »Ich kann dir nicht folgen.«

Es kam mir so vor, als ob die Runen im Beutel, der um meinen Hals hing, wieder zufrieden summten. Dann verstummte das Geräusch jäh. Als ich erst nach dem Beutel tastete und dann nachsah, war der verschwunden. Es war ein furchtbarer Verlust, der mich mit Entsetzen und einem Gefühl furchtbarer Leere erfüllte. Schlagartig wich alle Energie von mir, ich war nur noch eine leere Hülle. Ich wusste, ich musste zurück, aber der Weg wurde durch zähfließende Lavaströme versperrt.

Die Hitze versengte mein Haar und trocknete die Tränen auf den Wangen, während ich mit steifen, hölzernen Schritten weiterging. Dann wurde ich ganz ruhig und ein tiefes Gefühl der Zuversicht erfüllte mich, als ich die Wahrheit erkannte. Ich hatte diese Runen verloren, weil ich Runen von noch größerer Macht fertigen musste. Und sie mussten von mir kommen.

Wenn mir das gelang, dann wartete als letzter Schritt die Transformation in einen Neuen Gott auf mich, mächtiger als alles, was die Neun Welten je gesehen hatten. Denn ich war dazu vorbestimmt. Ich, der Erwählte. Ich, der Vitki am Ende der Zeiten.

ᛁ ᚲᚺ ᚹᛁᛏᚲᛁ ᚹᛁᛚᛚ

***

Als ihn schließlich ein Suchtrupp fand, war Jan schon tagelang verwirrt und entkräftet durch die Geröllwüste geirrt. Sein Hotel hatte die Polizei benachrichtigt, als er von seiner Expedition nicht zurückgekehrt war.

Jan sorgte für Verwirrung bei seinen Rettern, als er erklärte, dass er direkt aus dem Reich der Totengöttin komme, und er der Erwählte sei. Bei allem Verständnis für Götter und Feen, auch in Island gab es Grenzen. Und

Jan hatte sie eindeutig überschritten. Zumal im Krankenhaus festgestellt wurde, dass in seinem Körper eine Konzentration an Rauschgift vorhanden war, mit der man die halbe Insel auf den Trip hätte schicken können. Und auch in Jans Feldflasche war eine Flüssigkeit gefunden worden, die voller Drogen war. Hinzu kamen die möglichen Folgen des Schlags auf den Kopf bei der Schlägerei im Pub.

Die Ärzte wussten nicht so genau, was sie mit Jan tun sollten. Zudem hatte ein Arzt in der Nachtschicht nicht wirklich sorgfältig den Befund der Kollegen durchgelesen und pumpte ihn noch zusätzlich mit Psychopharmaka voll. Als Jan dann mit einer eindeutig nicht anwesenden Person namens Hel sprach und ihr mitteilte, dass er jetzt alle in der Klinik ermorden würde, damit sich ihr Reich fülle, schnappten ihn kräftige Männer. Sie schnallten ihn mit massiven Gurten auf einer Trage fest und brachten ihn in die Psychiatrie.

Kurze Zeit später landete ein Privatflugzeug auf dem Flughafen von Reykjavík. Jans Eltern hatten den Learjet geschickt, um ihren Sohn abzuholen, und nach Deutschland zu bringen, wo sie beste Drähte zu den Chefärzten renommierter Sanatorien hatten. Jan verbrachte drei Jahre in einem davon.

Im ersten Jahr starrte er nur blicklos in die Welt und bewegte, unverständliche Worte murmelnd, den Oberkörper hin und her.

Im zweiten Jahr fing er an, Worte wie ›Fehu‹ zu sprechen und zu singen. Die Krankenschwestern und Ärzte konnten mit dem Singsang aus unbekannten Begriffen nichts anfangen, bis der Pfarrer des Klinikums Jans entrückte Gesänge hörte.

»Es geht um Runen«, erklärte er den Ärzten in Jans Gegenwart. Den Patienten beachtete niemand.

»Woher wissen Sie das?«, fragte ein anwesender Arzt.

»Ich habe mich aus persönlichem Interesse mit dem Glauben der alten Germanen befasst, und diese merkwürdigen Namen – so heißen ihre Runen.« Jan hörte das und ahnte, dass sie über ihn sprachen. Aber er war noch weit davon entfernt, das Gesagte auch wirklich zu begreifen.

Im dritten Jahr malte Jan die Runen mit roter Farbe an die Wände seines Zimmers. Als Sohn des Mannes, der das Sanatorium stets mit großzügigen Spenden bedachte, genoss er gewisse Privilegien.

Eines Morgens fanden die Pfleger Jan nackt in Embryonalstellung auf dem Boden seines Zimmers liegen. Er hatte seinen Körper mit Runen bemalt und wirkte wegen der roten Farbe, als sei sein Körper mit Blut überströmt. Plötzlich schrie er laut und durchdringend und fing an, sich zu strecken.

»Das sieht aus, als wäre er gerade wieder frisch geboren worden«, bemerkte eine Krankenschwester. »Wiedergeboren im Blut.«

Kurz danach war Jan voll ansprechbar, als wäre er in die Welt der Menschen zurückgekehrt. Seine Eltern glaubten, er sei wieder der Alte. Er wusste es besser. Drei Jahre hatte er sich in seinem Kokon entwickelt. Jetzt war er als etwas Neues in die Gesellschaft geboren worden, das spürte er mit jeder Faser seines Ichs. Was genau das war, würde sich zeigen.

Der Rest war leicht für ihn. Er meisterte alle Gespräche und bestand alle Tests. Als er schließlich entlassen wurde, wartete vor dem Sanatorium ein Chauffeur auf ihn, der die Tür zum Fonds des silbernen Bentleys aufhielt. Jetzt war Jan auch endgültig in die privilegierte Welt der Godewills zurückgekehrt.

»Nach Hause?«, fragte der Fahrer.

Jan nickte. Niemals würde er auf die gewaltige Macht der Runen verzichten. Doch niemand würde sie ihm schenken. Er musste sie selbst ernten aus den Knochen von Ermordeten, gezeichnet mit ihrem Blut.

Er, Jan, wiedergeboren im Blut, bestimmt zur Vollendung im Blut.

Er, der Erwählte.

»Was ist eigentlich mit meinem Fremdenführer Einar passiert«, wollte er von dem Chauffeur wissen.

»Er wurde ein paar Tage später gefunden, nachdem Sie wieder in Deutschland waren«, sagte der Chauffeur. »Er hatte es nicht geschafft und trieb tot im Gjöll-Fluss. Anscheinend hatte er den Einsturz der Lavabrücke nicht überlebt.«

Verdammnis

Im Hier und Jetzt betrachtete Jan ein Foto von einer Pressekonferenz in Frankfurt. Das war er also, der Mann, der ihn jagte? Was hatten sich dessen Eltern nur dabei gedacht, ihn nach der Hauptfigur von Hesses *Steppenwolf* zu benennen? War der Hauptkommissar genauso zerrissen und einsam? Oder so bieder, wie er aussah?

Hallers Bemerkungen über seine Impotenz belustigten Jan eher, als dass sie ihn provozierten. Doch bei anderen mochte das ja funktionieren. Auf dem Foto war zu erkennen, dass der Hauptkommissar übergewichtig war. Außerdem war er schon Mitte fünfzig. Er wirkte auf den ersten Blick träge, doch das täuschte, wie sich mühelos via Internet rausfinden ließ. Haller genoss einen ausgezeichneten Ruf als Polizist. Allerdings hatte seine Familie offenbar so unter seiner Arbeit gelitten, dass Hallers Frau die Scheidung eingereicht hatte. Zerrüttete Ehen waren nicht ungewöhnlich in solchen Berufen.

Er würde Haller bestimmt nicht den Gefallen tun und ihn unterschätzen. Jan starrte auf das Bild des Ermittlers, als wollte er sich dessen Gesicht für die Ewigkeit einprägen. Was er dann murmelte, klang wie eine Verwünschung, wie ein Versprechen der besonderen Art.

»Harry Haller, ich kann deine Einsamkeit und Zerrissenheit heilen. Ich muss nur eine Rune in deinen Knochen ritzen und mit deinem Blut färben. In der Gemeinschaft der Blutrunen sind alle ganz und niemals einsam. Harry Haller, soll ich aus dir eine Rune ernten? Dann vergisst du all deinen Gram.«

Andere Vitkar nutzten die Runen als Orakel und hätten sie jetzt geworfen, um das Gewebe des Schicksals zu erkennen. Jan brauchte kein Orakel, weil er so unbeirrt an sich glaubte, wie es nur ein werdender Neuer Gott vermochte. Er war das Gewebe des Schicksals, die Spinne, die im Zentrum des Netzes lauerte.

Doch bis zu seiner Verwandlung dauerte es noch. Er wollte aber jetzt schon seinen Spaß haben. Und er wusste auch schon wie. Jan hatte etwas Besonderes für Haller geplant. Eine Fluchstange, mit der er die Verdammnis über den Ermittler bringen wollte.

Jan ging in seinen Altarraum, in dem die noch nicht aktivierten unbearbeiteten Stäbe standen, in einer Halterung an der Wand aufgereiht wie Billardqueues. Er nahm eine der Stangen und begann, sie zu bearbeiten.

Als Erstes ritzte er in sie die Rune der unterirdischen Mächte ein und sah, wie blau-schwarze Energienebel aus Hels Reich den Stab wabernd und zuckend umtanzten. Aus dem Nebel ragten die Masten von Naglfar, dem Schiff, das aus den Nägeln der Toten gebaut wurde.

Er ritzte die Rune des entfesselten Chaos und vor seinen Augen schossen feurige Lohen auf, tanzten und wankten, fanden eine Form und zerflossen sofort wieder. Rote, gleißende Scheiben rotierten, sprühten Funken an den Rändern und zerbarsten in wilden Explosionen.

Er ritzte die Rune des Eises und nahm wahr, wie der Stab gefror und alles Leben in eisigen Fesseln erstarrte. Jan erblickte Städte und ihre bizarren Bewohner, begraben und gefangen unter kilometerdickem Eis. Einen König auf seinem Thron, unbeweglich in seinem eiskalten Kokon. Es war kein Mensch, sondern ein Wesen aus einem Albtraum, aus dessen Gesicht Tentakel ragten und der auf seinem Rücken gefaltete, ledrige Schwingen trug. Jan sah, wie die mächtigen Eisriesen in die letzte Schlacht stürmten.

›Naglfar soll dich zermalmen, deine Seele in den Abgrund schleudern und dir die Nägel abreißen, wenn du noch den Schmerz spürst. Das Chaos soll dein Inneres verwüsten und das Eis dich begraben. Feuer und Eis sollen dich quälen und in den Wahnsinn treiben, wenn du vom Eis gefesselt liegst in deiner einsamen Welt ohne Hoffnung. Dein Herz soll brennen und gefrieren im Wechsel in deiner Brust, kein Licht soll dir leuchten in deiner einsamen Finsternis, Harry Haller.‹

Das schrieb Jan auf ein Pergament und heftete das Blatt an den hölzernen Pferdekopf vorn an der Fluchstange. Er brauchte nicht näher heran an sein Opfer, dessen war sich Jan sehr sicher. Denn er hatte die Macht, die Verdammnis auch auf große Entfernung zu senden und über Haller hereinbrechen zu lassen. Er heftete das Foto des Kriminalhauptkommissars an die Wand seines Altarraums, steckte die Fluchstange in eine Halterung und richtete sie auf das Bild aus. Jan sah, wie ein roter Energiestrahl auf das Foto zuschoss und es in die Farbe vergossenen Blutes hüllte.

»Der Fluch hat dich getroffen«, stellte Jan mit einem feinen bösen Lächeln fest. »Du wirst leiden, bis du in der neuen Gemeinschaft aufgehst, der Gemeinschaft der Blutrunen. Dann wirst du zwar weiter leiden, kannst dich aber damit trösten, mir zu dienen – mir, dem Auserwählten, dem Vitki am Ende der Zeiten.«

Jan spürte, wie ihn eine tiefe Erregung überkam. Er sank zitternd in Embryonalstellung auf den Boden und fühlte, wie rote Runen durch seine Adern pulsten. Bis sie sich in einer Vision öffneten und Zeichen der Macht auf seinen Leib malten, für ihn, Jan, wiedergeboren in Blut und dereinst vollendet in Blut. Er spürte die flammende Aura um sich, die ihn umhüllte wie ein Kokon, und streckte sich wohlig. Als er aufstand und den Altarraum durchquerte, war es ihm, als hinterließe er mit jedem seiner Schritte eine blutige Spur. Zufrieden legte er sich danach in sein Bett, schlief ein und spürte, wie die Verwandlung zu ihm kam.

Als er wieder erwachte, schien das Licht des Wolfsmonds auf ihn. Er kleidete sich an, streifte Handschuhe über, schritt der Metamorphose entgegen und öffnete die Tür zu seinem Altarraum. Das goldene Tier erfüllte ihn mit Wärme und füllte ihn aus.

Jan hatte alles für diesen Moment vorbereitet, in dem er erstmals die Verwandlung erleben und nicht nur erträumen würde. An der Wand hing ein schwarzer Mantel, den er anzog. Dann nahm er den Camcorder und setzte sich die Kopfhalterung auf. Schließlich wollte er später den Weg und das Handeln der Bestie genau nachvollziehen können. Jan war sich nicht sicher, wie viel er davon bewusst mitbekam. Er wollte kein Risiko eingehen.

Dann streifte er sich das Wolfsfell mit dem oberen Teil des Tierkopfes über, das an einem Haken hing. Er schob sich das Metallgebiss mit Reißzähnen, das einladend neben dem Raubtierfell schaukelte, in seinen Mund. Er blickte noch kurz in den Spiegel und war sehr zufrieden mit seinem Aussehen. Jetzt war er endgültig bereit für die uralte Macht seines Krafttieres, des Wolfes. Der Geistbruder des Vitkis aus dem Reich der Bestien musste sich nähren. Jan wollte und konnte sich seinem Willen nicht verweigern. Denn sie waren eins.

Er verließ in dieser warmen Augustnacht die Villa und das Grundstück über die Tiefgarage und betrat den Park gegenüber. Mit jedem Schritt unter dem Vollmond fühlte er, wie er den Weg der Menschen verließ, um auf dem Pfad der Bestie zu wandeln und zu werden.

Als er das Elbufer erreichte, lief er gebückt am Fluss entlang und sog witternd die Nachtluft ein. Weit in der Ferne hörte er mit seinen scharfen Sinnen Geräusche, Autos, den Motor eines Schiffes, das Rascheln von Tieren und die Stimmen von Menschen.

Eine einzelne Frauenstimme schälte sich heraus. Sie war voller Wut. Dann erst roch er seine Nahrung. Fleisch, frisches Fleisch. Und sah seine Beute schließlich vor sich. Eine junge Frau im weißen Sommerkleid mit rotem Halstuch, roten Sneakern und einem roten Barrett, die zornig in etwas sprach, das sie mit der Hand an ihrem Ohr hielt. Vom Fluss wehte ein Geruch von fauligem Wasser herüber, der den Wolf störte. Unwillig bleckte er seine Zähne und knurrte.

Jan näherte sich in seiner neuen Form der jungen Frau völlig lautlos. Dann machte er ein Geräusch, ganz bewusst. Er wollte, dass die junge Frau sich umdrehte, um sich an dem Entsetzen in ihrem Gesicht zu weiden.

Als die Frau mit schreckgeweiteten Augen das Biest entdeckte, wollte sie ihr Entsetzen in die Nacht schreien. Doch ihr Schrei erstickte in einem nassen Gurgeln, als ihr die Bestie die Kehle durchbiss.

Bevor sie fallen konnte, umfing sie das Tier in einer blutigen Umarmung und wiegte sie in einem monströsen Tanz. Es sah, wie ihr das Blut in den Ausschnitt lief und – in dem weißen Stoff des Kleides gut sichtbar – über ihren Bauch floss. Schließlich tropfte es von ihrer Scham in Lachen auf den Boden und rann an den Innenseiten ihrer Oberschenkel herab. Behutsam ließ es die junge Frau ins Blut sinken.

Dann griff es unter sein Fell und zog eine mit Runen gravierte Klinge, stieß sie in das rote Ding in der Lache und schlitzte es auf. Roh griff der Wolfsmann in den Spalt und zerrte ihn mit brachialer Gewalt weiter auseinander. Rippen splitterten. Er riss die Leber und das Herz der jungen Frau heraus und hielt seine Beute triumphierend dem Wolfsmond entgegen, bevor er hineinbiss und gierig die Stücke verschlang.

Als er seine pochende Erektion spürte, riss der Wolfsmensch seine Kleidung auf und ergoss sich in einem mächtigen Schwall über die Leiche. Dann biss er der Toten den Zeigefinger der rechten Hand ab und trottete, die blutende Trophäe zwischen den Zähnen, in Richtung der Godewill-Villa.

Auf dem Weg dorthin verwandelte sich das Tier zurück in einen Menschen. Und als Jan dann sein Haus betrat, wusste er, was zu tun war. Er warf den Zeigefinger zu den Maden. Auch daraus würde er eine Rune ritzen, schließlich konnte er ein Geschenk seiner Bestie nicht ablehnen.

Allerdings musste er ein anderes Geschenk des Biestes erst einmal loswerden: das Blut in seiner Kleidung und in seinem Fell. Die Kleidung war kein Problem, die würde er entsorgen, aber das Fell wollte er behalten.

Er wusste, dass warmes Wasser das Eiweiß im Blut gerinnen ließ, weswegen es dann noch schlechter zu entfernen war. Der Königsweg bei frischen Blutflecken war kaltes Wasser. Und wenn das Blut schon angetrocknet war, halfen Aspirin-Tabletten, genauer deren Wirkstoff Acetylsalicylsäure, der das Blut wieder verdünnte. Bei besonders hartnäckigen Fällen empfahl sich der Einsatz von Backpulver.

Als der Morgen graute, hatte Jan alle Spuren des Gemetzels beseitigt und das Fell zum Trocknen in seinem Badezimmer aufgehängt. Etwas von dem Blut hatte er für das Weiheritual behalten. Jan fühlte sich satt und zufrieden, als der goldene Wolf zu ihm sprach.

»Mein Bruder, ich habe für uns Uruz geerntet.«

Uruz – die Rune der urtümlichen Vitalität und der Kraft. Die Rune, welche die Ströme aus Hels Reich in die Welt brachte, die Rune des Tieres und der Formung der Kräfte des Chaos nach dem Willen des Vitki. Sie wurde dem Element Erde zugerechnet.

Jan gab der Rune ihren Vers:

›Furchtlos ist das wilde Tier.
Furchtlos der Vitki, der seine Kraft nützt,
die Mächte des Chaos nach seinem Willen formt.‹

Wenn das Fleisch von den Maden beseitigt war, würde er eine weitere Rune in den Knochen ritzen und mit dem Blut des Opfers färben. Dann fehlten ihm noch vier.

Jan schlief nur wenige Stunden. Als er vor den Spiegel trat, fand er winzige weiße Stofffetzen zwischen seinen Zähnen. Nachdem er sich angekleidet hatte, ging er ins Büro seiner Assistentin.

»Hel«, sagte er, »lass uns einen kleinen Spaziergang machen.«

»Wohin?«, fragte sie.

»Einfach durch den Park ans Elbufer.«

Als sie den Weg am Fluss erreicht hatten, stießen sie bald auf eine Polizeiabsperrung. Jan sah die Flatterbänder und weiter weg die Männer von der Spurensicherung in ihren weißen Schutzanzügen.

»Was ist denn hier los?«, fragte Jan interessiert ein älteres Ehepaar.

»Ganz furchtbar«, sagte der Mann. »Da vorn soll eine junge Frau brutal ermordet worden sein.«

»Das ist ja schrecklich«, bemerkte Jan und tauschte sich mit dem älteren Ehepaar darüber aus, wie übel es auf der Welt zugehen konnte. »Man mag es sich gar nicht ausmalen, wenn das stimmt.«

Er wusste, dass er sehr vertrauenserweckend wirken konnte, und das funktionierte auch jetzt, denn die Frau plauderte private Dinge aus.

»Dabei ist das hier doch eine gute Gegend. Ich meine, wir sind hier in der Nähe der Elbchaussee. Mein Mann musste sich in seinem Beruf als Rohstoffhändler häufig genug mit Menschen abgeben, die weit unter unserem Niveau lagen. Inzwischen ist er im Ruhestand und wir haben uns hier in der Ecke ein Haus gekauft, damit wir endlich mal unter unseresgleichen sind. Aber wenn hier Menschen ermordet werden, sollten wir die Villa ganz schnell wieder verkaufen und an den Starnberger See ziehen.«

Jan war sich ziemlich sicher, dass sie ihm das erzählte, weil sie auch ihn für ihresgleichen hielt.

»Wenn Sie wirklich verkaufen möchten, kann ich Ihnen gern meine Hilfe anbieten«, sagte Jan, der plötzlich sehr interessiert an dem älteren Ehepaar war. Er gab den beiden seine Visitenkarte.

Das Ehepaar warf sofort einen Blick darauf.

»Sie wohnen hier ja ganz in der Nähe. Wir sind fast Nachbarn«, sagte der Mann und reichte Jan seine Karte.

»Dann betrachten Sie mein Angebot einfach als Nachbarschaftshilfe, Herr Dr. Schulte«, sagte Jan freundlich, der die Möglichkeit zu einem guten Geschäft witterte. »War nett, mit Ihnen gesprochen zu haben. Leider warten noch wichtige Termine.«

Dann wandte er sich halblaut an seine Begleiterin: »Hel, wir gehen zurück. Ich will dir noch einen kleinen Film zeigen.«

Sie zogen sich in einen Raum zurück, in dem sie sicher waren vor allen Überraschungen. Dann schloss Jan den Camcorder an einen Computerbildschirm an und zeigte Hel sein Werk.

»Schau dir das an«, sagte er fröhlich und pfiff anerkennend durch die Zähne. »Der Wolf hat sich Rotkäppchen geholt.«

Hel betrachtete die Cam-Aufnahmen stumm.

»Die habe ich mit der Wolf-Cam gemacht«, erklärte Jan. »Ich könnte mir das immer wieder ansehen.«

»Ich kenne die Geschichte von der Macht der Vitki, ihre Gestalt zu wandeln. Aber ich habe dich noch nie in dieser Form gesehen. Wie hast du das gemacht?«

»Warte einen Moment. Ich zeige es dir.«

Jan ging in seinen Altarraum. Als er zurückkam, bedeckte ihn ein Wolfsfell, und als er die Lippen knurrend auseinanderzog, sah Hel ein Raubtiergebiss aus Metall. Jan bog den Kopf in den Nacken und stieß ein Heulen aus. Dann nahm er das Metallgebiss aus dem Mund.

»Die Bestie ist an meiner Seite. Mein Tierbruder erntet die Blutrunen für uns.«

Er bemerkte, dass Hel nicht so begeistert war, wie er es erwarten konnte. Vielleicht war diese Größe zu viel für sie. Dann konnte er sie nicht mehr brauchen. Der Wolf war immer gierig, was ihm als Grund fürs Töten völlig ausreichte. Es konnte der Tag kommen, an dem Hel den Weg Rotkäppchens gehen musste. Die Bestie in ihm knurrte behaglich und sandte ihm Bilder von Hels durchbissener Kehle. Jan schmeckte das Blut und leckte sich leicht mit der Zunge über die Lippen. Dann verschwand die Vision, er kehrte in die Gegenwart zurück und sah seine Assistentin erwartungsvoll vor sich stehen.

»Erinnerst du dich noch an das ältere Ehepaar, das wir am Elbufer getroffen haben?«

»Die darüber nachgedacht haben, ob sie ihre Villa verkaufen, wenn sich der Verdacht auf einen Mord bestätigt.«

»Genau«, sagte Jan, der sich gerade von einem Wolf in einen Geschäftsmann verwandelte. »Rede mal mit denen, wenn die Medien ordentlich berichtet haben. Es wäre doch schade, wenn uns ein Schnäppchen durch die Lappen geht.«

»Respekt«, bemerkte Hel. »Ich mag einfach deinen Sinn fürs Geschäft.«

»Aber schon vorher soll ein ausgewählter Teil der Aufnahmen eine Überraschung werden. Ich weiß auch schon, für wen«, sagte er und spürte schon die Vorfreude.

Mails

Nach Dienstschluss nahm Haller diesmal nicht den üblichen Umweg übers *Moseleck*. In seiner einfachen Zweizimmerwohnung angekommen ignorierte er das dreckige Geschirr, das sich in der Spüle stapelte.

Genau so, wie er seit Tagen den stummen Schrei seiner einzigen Zimmerpflanze nicht beachtete, der es an Wasser fehlte. Es war ein Kaktus, den ihm Kollegen mit Verschwörerlächeln zum Geburtstag geschenkt hatten, mit dem launigen Hinweis, dass er ja auch manchmal stachelig sei. Haller wusste nicht, ob sie damit seinen Charakter oder seine mitunter eindeutig vorhandenen Bartstoppeln oder beides meinten.

Er setzte sich direkt an den wackligen Holztisch in dem Wohnzimmer mit dem fleckigen Teppichboden und dem durchgesessenen Sofa. Haller schob all das Zeug auf dem Tisch achtlos beiseite, bis er Platz für seinen dienstlichen Laptop hatte, den er auch zuhause nutzte. Dann zündete er sich eine Zigarette an, die er entspannt rauchte.

Haller spielte eine Partie Fernschach mit einem Kollegen in London, den er auf einem internationalen Polizeigewerkschaftskongress kennengelernt hatte. Und heute sollte per Mail der Gegenzug kommen. Schach und Wodka Bumm-Bumm vertrugen sich nicht besonders gut miteinander. Haller holte sich ein Bier aus dem Kühlschrank und setzte sich die Flasche an die Lippen. Auf ein Glas verzichtete er wie üblich. Er schnappte sich einen der klapprigen Küchenstühle, trug ihn durch sein Wohnzimmer, dessen Interieur sicher niemals als

Hochglanzfoto bei ›Schöner Wohnen‹ landen würde, und setzte sich schließlich.

Er kontrollierte zunächst alle Mails, die an seine Dienstadresse gegangen waren. In einer Betreffzeile entdeckte er das Wort ›Vitki‹. Sofort war er hellwach. Alle seine Instinkte waren in den Alarmmodus gesprungen. Als er die Mail dann öffnete, zeigte sich, dass seine Instinkte noch sehr gut funktionierten.

Katharina, die Goldmarie aus Frankfurt, hatte ein Herz aus Stein und war allein. Jetzt ist sie in Fehu in der Gemeinschaft der Blutrunen vereint mit ihren Brüdern und Schwestern für ein höheres Werk.

›Geld ist der Weg der Schlange und mästet den Wolf.
Geld bringt Trost und Leben
und Streit und Tod den Menschen.‹

Carl Orffs ›Carmina Burana‹ begleitete Katharina Sander auf dem Weg in die Anderswelt, wo sie diese Kantate noch immer hört.

O Katharina, O Fortuna!

Vierundzwanzig Runen suche ich, vierundzwanzig Zeichen, nur die Fünfundzwanzig ist leer. Fünfundzwanzig ist die Rune des erhabenen Wesens. Fünfundzwanzig ist die Rune des Neuen Gottes. Wer wird der Gott?

In Hamburg hat der Wolf Rotkäppchen am Elbufer geholt und ihr Herz und ihre Leber gefressen. Sie war voller Zorn, bevor sie starb, jetzt hat sie ihren Frieden in der Gemeinschaft mit Katharina und den anderen.

Die Rune des Tieres, ein Geschenk meines Tieres.

›Furchtlos ist das wilde Tier.
Furchtlos der Vitki, der seine Kraft nutzt
und die Mächte des Chaos nach seinem Willen formt.‹

Die Musik, die Rotkäppchen begleitet, ist Jean-Baptiste Lullys Werk ›Psyché‹, in dem das schönste Mädchen der Welt gezwungen wird, in die Unterwelt herabzusteigen. Ich fand das sehr passend. Wenn Sie hören wollen, was sie hört, öffnen Sie den Anhang mit der Musik. Wenn Sie sehen wollen, wie Rotkäppchen die Begegnung mit dem Wolf verkraftet hat, öffnen Sie die Aufnahmen. Sie können das auch gleich als meinen kleinen Beitrag zu Ihrem Kommentar über meine Impotenz betrachten.

Haller öffnete die Videoaufnahme, ohne lange nachzudenken. Er sah in die schreckgeweiteten Augen einer jungen Frau mit rotem Barrett, er sah den Biss in ihre Kehle und den monströsen Tanz, in dem sie gewiegt wurde. Er sah, wie das Blut an ihr herablief, und sie aufgeschlitzt und ausgeweidet wurde. Und dann sah er, wie der Mörder auf die Leiche ejakulierte.

»Rucke-di-guh, Blut ist im Schuh«, hörte er eine Stimme sagen.

»Du Schwein!« Haller bebte voll ohnmächtiger Wut.

Auch für den hart gesottenen Hauptkommissar war irgendwann eine Grenze erreicht. Jetzt brauchte er sehr dringend einen Drink. Er ging zum Kühlschrank und holte den Wodka aus dem Gefrierfach, schenkte sich ein Schnapsglas ein, kam zurück, leerte es mit einem energischen Schluck und griff nach einer Zigarette. Das Rauchen beruhigte ihn. Irgendwann las er weiter in der E-Mail.

Ihre Kollegen werden Wolfshaare an Rotkäppchen finden und Metall in der aufgerissenen Kehle. Aufgeschlitzt wurde sie mit demselben Dolch wie Katharina Sander.

Harry Haller, Sie sind ein einsamer Mensch, ein zerrissener Mann, dessen Familie ihn verstoßen hat. Ich kann Ihre Einsamkeit und Ihre Zerrissenheit heilen und Ihnen eine neue Gemeinschaft geben: die Gemeinschaft der Blutrunen.

Das war eindeutig eine Drohung. Nicht die Erste, die der Hauptkommissar in seinem langen Berufsleben bekommen hatte, aber schon eine Besondere. Viele waren einfach Gewäsch gewesen. Die hier gehörte zu einer anderen Kategorie. Trotzdem wollte er sich nicht einschüchtern lassen, schon allein aus professionellem Trotz.

»Du machst mir keine Angst.« Er sagte das mit fester Stimme. Haller meinte das als Kriegserklärung. Jetzt ging es los.

Der Kripobeamte hatte keine Zweifel, dass diese Botschaft direkt von dem Killer kam. In dieser Mail stand eindeutig Täterwissen. Sie hatten zwar die Rune präsentiert, die bei Katharina Sanders Ermordung an die Wand gezeichnet worden war. Aber nur der Täter konnte den

Runenvers und die Musik auf dem MP3-Player kennen. Und die Aufnahmen vom Mord an der jungen Frau am Elbufer waren eindeutig. Er musste sich dringend mit den Kollegen in Hamburg in Verbindung setzen. Es war noch früh am Abend, Haller würde sein Team zusammentrommeln und ins Präsidium fahren. Er leitete die Mail an seine Kollegen weiter, verständigte sein Team per Handy und fuhr mit einem Taxi ins Präsidium, wo schon Anna auf ihn wartete.

»Die Mordkommission Hamburg«, forderte Haller, der sichtlich unter Dampf stand. »Hol mir da bitte jemanden ans Telefon. Und dann will ich von unseren Experten wissen, woher die Mail mit dem Betreff ›Vitki‹ kam.«

Anna wählte und verband den Hauptkommissar mit einem Kollegen aus Hamburg.

»Hier Hansen«, meldete der sich mit einem unüberhörbaren norddeutschen Akzent.

Haller fragte nach dem Mord an einer jungen Frau am Elbufer. Hansen war dafür direkt zuständig und wurde sofort hellhörig, als Haller von einer Mail mit Täterwissen sprach. Er leitete sie an Hansen weiter. Dann legte er auf und gab dem Kollegen Zeit, um sich mit der Mail zu beschäftigen.

Als der Rückruf kam, war der Hamburger Kollege offenbar ziemlich aus der Fassung.

»Was für eine kranke Sauerei«, sagte er schließlich mit Worten, die klangen wie Fallbeile.

»Das hätte ich nicht besser formulieren können«, entgegnete Haller. Er hatte schon einiges an kranken Sauereien gesehen, was wahrscheinlich auch auf seinen Kollegen aus Hamburg zutraf, aber das hier bekam die

Höchstwertung auf Hallers ganz persönlicher Jack-the-Ripper-Skala. Dann erzählte er Hansen, was es bisher zu dem Mord an Katharina Sander zu sagen gab.

Hansen berichtete, dass das Mordopfer am Elbufer sich zuvor auf einer Party mit ihrem Freund gestritten habe, weil sie ihn beim Knutschen mit einer anderen erwischt hatte. Zornentbrannt war sie davon gestürmt. Ihr Freund hatte noch versucht, sie per Handyanruf zu beruhigen, aber sie hatte ihn nur angeschrien und nichts von ihm hören wollen. Die Beamten hatten den Freund erreicht, als sie die letzte Nummer auf dem Handy des Opfers zurückriefen. Der junge Mann sei völlig fertig gewesen. Trotzdem habe man sein Alibi überprüft. Es sei wasserdicht. Das Opfer hieß Andrea Fischer, Studentin, Höheres Lehramt, Sport und Deutsch.

»Sie war erst dreiundzwanzig. Lange blonde Haare. Trug ein weißes Kleid und ein rotes Barrett. Wie sie starb, hast du ja gesehen. Ihr wurde die Kehle durchgebissen, dann wurde sie aufgeschlitzt, Leber und Herz fehlen, der Zeigefinger ihrer rechten Hand wurde abgebissen. Sie hat Verletzungen, die von einem Tier stammen könnten, aber der Schnitt kann nicht von einem Tier sein, der ist zu präzise.«

»Katharina Sander hatte auch lange blonde Haare und trug ein weißes Kleid, als sie starb.« Die Parallelen waren für Haller eindeutig.

»Die Spurensicherung hat an den Klebebändern, mit denen sie die Leiche nach Fasern und Ähnlichem untersucht, Haare gefunden, möglicherweise von einem Tier«, sagte Hansen.

»Also hat der Wolf Rotkäppchen wirklich getötet, wie es in der Mail hieß. Die Frage ist nur: Wer ist der Wolf?«

Haller kannte die Antwort schon: Einem Vitki wurde schließlich auch die Fähigkeit zum Gestaltwandeln nachgesagt. Was das auch immer genau hieß.

»Hast du etwas dagegen, wenn ich mir bei euch vor Ort ein Bild mache?«, fragte Haller seinen Kollegen in Hamburg.

»Komm ruhig vorbei«, antwortete Hansen und legte auf.

Als Haller Staatsanwältin Rebecca Strauch informierte, war diese ungewohnt bestürzt.

»Das ist doch nur noch krank«, entfuhr es der Juristin. Nach einer Weile fasste sie sich wieder. »Fahren Sie nach Hamburg, halten Sie mich auf dem Laufenden. Wenn das derselbe Täter ist, sind wir wenigstens die Geschichte vom Bankerripper los.«

Es gab keinen Zweifel, die Frau klang erleichtert.

»Chef«, meldete sich Anna. »Du hast schon wieder eine Mail mit dem Betreff ›Vitki‹ bekommen.«

Haller brauchte nicht lange nach der Mail zu suchen. Von wem sie kam, war nur zu klar.

Naglfar soll dich zermalmen, deine Seele in den Abgrund schleudern und dir die Nägel abreißen, wenn du noch den Schmerz spürst. Das Chaos soll dein Inneres verwüsten und das Eis dich begraben. Feuer und Eis sollen dich quälen und in den Wahnsinn treiben, wenn du vom Eis gefesselt liegst in deiner einsamen Welt ohne Hoffnung. Dein Herz soll brennen und gefrieren im Wechsel in deiner Brust, kein Licht soll dir leuchten in deiner einsamen Finsternis, Harry Haller.

Okay, jetzt sind wir im Spiel, dachte Haller, neigte sich vor, drückte auf ›Antworten‹ und schrieb:

Glückwunsch. Das beschreibt ziemlich genau mein Leben. Falls das ein Fluch sein soll, kommt er ein paar Jahre zu spät.

Der Seemann

Jan erhielt Hallers Antwort in einem Internetcafé in Hamburg. Von hier aus steuerte er einen freien Proxyserver in Teheran an, über den er letztlich seine Mails verschickte. Sollten seine Mails von der Polizei zurückverfolgt werden, würde sie bei den dortigen Behörden landen. Er bezweifelte, dass für die Islamische Republik Iran Anfragen deutscher Ermittler nach der Identität eines Mailabsenders ganz oben auf der Prioritätenliste standen. Doch selbst wenn sie in Teheran die ID rausrückten, würde die Spur nur bis zu dem Internetcafé führen. Da Jan aber die Internetcafés häufig wechselte, wäre nicht einmal das besonders gefährlich für ihn.

In dem Moment, als Jan Hallers Antwort las, schwoll ihm eine Zornesader auf die Stirn. Der dicke Mann zeigte nicht den angemessenen Respekt vor ihm, dem Erwählten und seiner Magie. Jan verließ das Internetcafé in Hast, weil er spürte, wie abgrundtiefe Wut von jeder Zelle seines Körpers Besitz ergriff und rot in ihm loderte. Er spürte die Rückkehr des goldenen Wolfes. Schweiß glitzerte auf Jans Stirn, rasende Kopfschmerzen peinigten ihn, als die Bestie immer mehr von ihm für sich beanspruchte. Er hatte das Gefühl in Flammen zu stehen und zu brennen, bis etwas Neues aus dem Feuer geboren wurde.

Als der Mensch mit dem Tier zu einem Wesen verschmolzen war, ging es wieder auf die Jagd, und es brauchte sein Fell nicht mehr. Es war gut getarnt in der Haut seines Menschenbruders und konnte sich unauffällig bewegen in der Welt der zweibeinigen Nahrung. Das

Wesen streckte sich behaglich und machte sich auf den Weg.

***

Jan erwachte am nächsten Morgen und entdeckte seine verschmutzten und ziemlich mitgenommen wirkenden Schuhe vor dem Bett. Schlamm klebte an ihnen. Er trug noch seine Kleidung, die zwar gelitten hatte, aber zumindest keine Blutflecke aufwies. Auch im Mund verspürte er nicht den charakteristischen metallischen Geschmack des Lebenssaftes. Anscheinend hatte es kein Blutbad gegeben, als der Wolf die Kontrolle übernommen hatte.

Als die Verwandlung zum Menschentier das erste Mal geschah, war er vorbereitet gewesen und hatte sich rituell in ein Fell gehüllt. Er hatte sich freiwillig entschlossen, der Metamorphose entgegenzugehen. Diesmal war sie über ihn gekommen. Und er hatte nichts dagegen tun können, als der Wolf übernahm. Diesmal hatte er die Kontrolle über den Verwandlungsprozess verloren. Und das konnte zum Problem für sein Menschen-Ich werden, das nicht einmal mehr eine ferne Erinnerung sein würde, wenn er erst der Neue Gott war. Doch bis es so weit war, musste er noch vorsichtig sein. Und die Bestie war nicht vorsichtig.

Jan kam zu dem Entschluss, dass eine warme Dusche helfen würde. Er ging ins Bad, aus dem er erfrischt zurückkehrte, in einen blauen Bademantel gehüllt, in den sein Monogramm JG golden eingestickt war. Er machte sich auf den Weg in die Küche, wo er sich einen Kaffee brühte, den er genussvoll schlürfte. Weil er Hunger verspürte, bereitete er sich ein Frühstück zu, das er genussvoll verzehrte. Die Haushälterin war unterwegs, weil sie Einkäufe zu erledigen hatte. Doch vorher hatte sie noch frische Brötchen und Croissants besorgt.

»Kann ich etwas für Sie tun?«, hörte Jan plötzlich die Stimme seines Butlers, der formvollendet mit durchgedrücktem Rücken in der geöffneten Küchentür stand.

»Ja. Sie können das Radio einschalten und mich dann in Ruhe zu Ende frühstücken lassen.«

Er nippte an der großen bauchigen Kaffeetasse, bestrich ein Croissant mit Marmelade. Als der Butler das Radio anschaltete, hörte Jan, dass die Leiche eines Obdachlosen im Uferschlamm der Elbe gefunden worden war.

»Drehen Sie das lauter«, forderte er den Butler auf und hörte dann aufmerksam zu.

›Beim Tod des ehemaligen Seemanns Marco K., der seit Jahren zur Obdachlosenszene gehört, geht die Polizei von einem Unfall aus. Spaziergänger hatten die Leiche gefunden. Anscheinend war der Mann von der Böschung gestürzt und hatte sich das Genick gebrochen. Teile seines Gesichts und die Finger seiner rechten Hand fehlten. Die Polizei geht davon aus, dass dafür Ratten oder streunende Hunde verantwortlich sein könnten.‹

Jan machte sich auf den Weg in seinen Altarraum, wo er einen Fingerknochen in einem mit Blut gesprenkelten Beutel auf seinem Altar entdeckte. Später sollte Jan aus der Zeitung erfahren, dass der rechte Zeigefinger des Seemanns bei einer seiner Reisen amputiert werden musste, weil er nach einer Verletzung brandig geworden war. Seitdem hatte er die Knochen als Talisman in einem Beutel um seinen Hals getragen.

Auch mit diesem Geschenk seines Doppelwesens würde Jan respektvoll umgehen. Schließlich waren sie eins, was auch die Wahl des Opfers bewies.

Zu einem Seemann passte Laguz, die Rune des Meeres und des Urwassers, der Einweihung in das Leben und der Reise auf dem Ozean des Lebens. Eine Fahrt, die mit der Überquerung des Wassers endet, welches das Reich der Lebenden von dem Reich der Toten trennt. Laguz war aber auch eine gute Rune für Geistreisen oder zur Manipulation von Menschen und ihrer Träume. Sie gab ihm die Macht über den Traum und wurde dem Element Wasser zugerechnet.

Jan vollzog das Ritual und schrieb den Runenvers auf Pergament:

›*Gefährlich ist das große Wasser.*
Der Reisende steht auf schwankendem Grund
und muss doch den Wogenhengst zähmen.‹

Dazu wählte er Georg Philipp Telemanns ›*Wassermusik*‹, die auch den Beinamen ›*Hamburger Ebb' und Fluth*‹ trug. Ihre Uraufführung fand 1723 bei den Feierlichkeiten zum hundertjährigen Bestehen der Hamburgischen Admiralität statt. Jan betrachtete seine Musikwahl als sehr passend für die Stadt und den Seemann.

Jetzt fehlten ihm nur noch drei Runen. Jan fühlte, wie eine wilde Freude in ihm aufstieg und ihn mit dem

Vorgefühl der kommenden Erhabenheit ausfüllte, die nicht mehr weit entfernt war.

Aber das musste noch ein wenig warten. Die Blutrune Fehu hatte ihm die Macht über die feurige Energie des Geldes und des Reichtums gegeben. Uruz verschaffte ihm Zugang zu der urtümlichen Vitalität und der Kraft des Tieres, gab ihm die Herrschaft über die Kräfte des Chaos. Laguz verlieh ihm die Macht über Menschen und ihre Träume. Diese Kraft würde er unter anderem heute Abend bei dem Charity-Event seiner Stiftung gut brauchen können.

Charity

Als Jan die Büroräume im Souterrain betrat, schwebte Hel in einer Woge aus Exotik und Erotik direkt auf ihn zu.

»Heute ist das große Festbankett im Hotel *Pacific* für die Godewill-Stiftung. Ich bringe dich noch einmal auf den Stand. Hamburgs feine Gesellschaft hat sich – ganz unhanseatisch – geradezu darum gedrängelt, daran teilzunehmen. Alle 300 Plätze im großen Festsaal sind weg, was pro Platz 2.500 Euro bedeutet. In Summe sind das 750.000 Euro. Und dann kommen noch Spenden hinzu. Ganz ordentliches Sümmchen. Offensichtlich wollen sich alle in deinem Licht sonnen.«

»Entweder haben alle ihr gutes Herz entdeckt oder sie versprechen sich etwas davon. Anscheinend haben meine geradezu sensationellen Gewinne an der Börse die Fantasien nochmals beflügelt«, bemerkte der Multimillionär und rieb Daumen und Zeigefinger seiner rechten Hand gegeneinander. Das Zeichen für Geld, das auch ohne Worte verstanden wurde.

»Heuchlerische Bande. Wer mag das bloß der Presse gesteckt haben?« Dann bemerkte er das feine Lächeln auf Hels Gesicht.

»Gut gemacht. Müssen wir noch irgendetwas tun?«

»Aber ja«, antwortete Hel mit verführerischer Stimme. »Aber das würde ich dir gern in deinem Schlafzimmer erklären.«

Jan hatte nichts dagegen, und als sie das geklärt hatten, wurde es langsam Zeit, sich für den Abend fertig zu machen.

***

»Gut«, sagte Hel, »dass du mir ein Eckchen in deinem Kleiderschrank reserviert hast.«

»Das hat vielleicht mal als Eckchen angefangen. Mittlerweile ist es schon eher eine solide Ecke mit der Tendenz zu mehr.«

Als es klingelte, sprang Hel auf und schlüpfte in einen Bademantel.

»Wer ist das?«

»Ich habe geahnt, dass wir noch vor dem Event hier landen würden. Und da habe ich mir vorsorglich jemanden bestellt, der mir die Haare macht und sich um mein Make-up und die Maniküre kümmert. Ich kann doch nicht so aussehen, als wäre ich frisch aus deinen Laken geschlüpft.«

Hel verließ das Schlafzimmer, ging nach unten und öffnete die Tür. Das konnte jetzt dauern. Jan wählte schon einmal seine Garderobe aus – einen Brioni-Smoking, dazu das passende Hemd und Schuhe von Berluti. Jans Zuneigung zu der Marke war endgültig an einem Abend in dem von Olga Berluti 1992 gegründeten *Swann Club* in Paris entstanden. Benannt war der Club nach einer Romanfigur in Marcel Prousts *Auf der Suche nach der verlorenen Zeit*.

Hundert handverlesene Gentlemen in feinster Abendgarderobe tranken bei dem jährlichen Treffen im Mondlicht unter freiem Sternenhimmel Dom Pérignon brut und pflegten damit anschließend ihre Schuhe. Und das nur, weil Olga Berluti darauf schwor, dass Mondlicht und

Champagner eine so großartige Wirkung auf das Leder haben sollten.

Zunächst wurde ein exklusives Dinner serviert, danach stellten die Herren ihre Schuhe auf die weißen Damast-Tischdecken, um sie gemeinsam zu putzen. Dazu trugen die Gentlemen im Licht des Mondes zunächst Schuhcreme auf, massierten sie ein und polierten anschließend. Erst dabei kam der in Silberschälchen gereichte Dom Pérignon brut zum Einsatz, mit dem das venezianische Leinen für das Polieren der Schuhe befeuchtet wurde, die anschließend in das Mondlicht gehalten wurden. Jan hatte zwar nie verstanden, was das dem Leder nützen sollte, hatte aber größten Respekt vor dieser grandiosen Inszenierung.

Bei den Manschettenknöpfen setzte Jan für heute Abend auf familiäre Tradition. Sie waren aus dem Stahl der ersten Kanone gefertigt worden, die seine Familie hergestellt hatte. Damit hatte sie einen beträchtlichen Teil ihres legendären Reichtums und ihrer Bedeutung für die jeweiligen Machthaber militärisch nicht sehr zurückhaltender Epochen begründet. Wenig zurückhaltend war seine Familie auch beim Verkauf ihrer Geschütze gewesen. Wer bezahlte, wurde beliefert und so kam es, dass sich Freund und Feind mit den Geschützen aus den Godewillschen Fabriken beschossen, wenigstens hier vereint. Später waren die Manschettenknöpfe aus dem eher rustikalen Material der Urkanone noch mit dezent eingesetzten Diamanten verziert worden.

Dann tauchte Hel wieder auf. Diamanten, in Platin gefasst, blinkten als Ohrringe, ein reizvoller Kontrast zu ihrem schwarzen Haar, das sie offen trug. Der rote

Lippenstift setzte einen Kontrapunkt zu ihren abgrundtief dunklen Augen. Ihr blau-schwarzes Tattoo verlieh ihr einen ungeheuer exotischen Reiz. Hel ging auf den Kleiderschrank zu und ließ den Bademantel von den Schultern gleiten. Darunter war sie nackt.

Zärtlich küsste Jan Hel in den Nacken und umarmte sie. Auch er war noch nicht angezogen. Hel schmiegte sich an ihn und stützte sich dann nach vorn mit den Händen am Kleiderschrank ab, während er in sie eindrang. In dieser Stellung gerieten weder ihre Frisur noch ihr Make-up in Unordnung. Jan empfand sich als einen Mann im Glück. Dann zog ihn die Lust in eine Tiefe, aus der er nie wieder auftauchen wollte.

Schweigend kleideten sie sich danach an. Hel wählte rote Unterwäsche, ein langes rotes Abendkleid von Prada und rote Louboutins. Doch unter ihrer noblen Garderobe trugen sie den Geruch ihrer wilden Leidenschaft. Ein Tier konnte das riechen. Sie konnten das riechen.

***

Was Hel wenige Minuten später roch, war allerdings das Leder des Bentleys, in dem der Chauffeur auf sie gewartet hatte. Beide saßen im Fonds des Wagens.

»Was werden unsere Gäste heute essen?«, wollte Jan wissen, ganz der fürsorgliche Gastgeber.

Hel zog einen Zettel aus ihrer Handtasche.

»Wir haben die legendäre Hummersuppe des Hotels *Pacific*, Tatar vom Holstein-Rind mit Süßmaiscreme, pochiertes Freilandei mit gehobeltem weißen Trüffel und Blattspinat, St. Petersfisch mit Salicorne und gebackenem

Reis an Blutorangensalat, Hirschkalbsrücken im Tramezzinimantel mit Selleriepüree und Rotkohl, Crème brulée von der Tahitivanille und Crêpe Sûzette. Und dann haben wir auch noch das Dessertbüffet.«

»Sehr gut«, sagte Jan und schaute in das Dekolleté seiner Begleiterin. »Nichts ist so köstlich wie dieser Anblick. Und was trinken wir?«

»Auf jeden Fall gibt es Dom Pérignon brut. Vielleicht wollen die anwesenden Herren ja ihre Schuhe polieren. Den Rest habe ich dem Sommelier überlassen.«

Nachdem Jan und Hel im *Pacific* eingetroffen waren, ließ sich Jan die Weinauswahl zeigen. Es gab nichts zu beanstanden. Auch Hel entdeckte nichts, das zum Problem hätte werden können. Als die Gäste eintrafen, wurden sie von Kellnern in Empfang genommen, auf deren Tabletts Champagner in Gläsern perlte und natürlich gab es auch Getränke ohne Alkohol.

Etliche der Gäste wollten unbedingt Jan Godewill die Hand schütteln und ihm Anerkennung für sein Projekt aussprechen. Jan lächelte freundlich, während er die anerkennenden Händedrücke entgegennahm. Dabei malte er sich aus, wie es wäre, wenn er ihnen seinen Runendolch in den Wanst rammte und sie aufschlitzte. Nah genug dran waren sie ja. In seiner Vision rutschten die Herren im Smoking und die Damen im Abendkleid in Blutlachen aus und führten einen grotesken Tanz auf.

Während er unermüdlich Wänste und Kehlen aufschlitzte, schlug der Goldene Wolf, der aus ihm hervorbrach, seine Fänge tief in die Leichen und die Lebenden. Dann strömte das Rudel in den Saal, zerfetzte Fleisch, Knochen knackten. In einer Kakofonie von Schreien und infernalischem Lärm breitete sich ein roter Teppich aus Blut aus. Allein der Gedanke ließ Jan strahlend lächeln.

»Sie sind ein Mann mit Visionen«, sagte ein Herr im Smoking, als er Jan die Hand reichte. »Davon brauchen wir mehr.«

»Unbedingt«, antwortete Jan und musterte interessiert den rechten Zeigefinger des Mannes.

Nachdem sich die Gäste eine Weile im gepflegten Small Talk mit ihm und untereinander unterhalten hatten, nahm Jan ein Mikrofon und klopfte an sein Glas. Niemand würde merken, dass er diese Gesellschaft und ihre Eitelkeiten zutiefst verabscheute.

»Meine Damen und Herren, liebe Freundinnen und Freunde, willkommen im Hotel *Pacific* beim Festbankett der Godewill-Stiftung. Lassen Sie mich kurz ein paar Worte zur Organisation sagen. Sie haben selbstverständlich jedes Recht auf eine Rede von mir. Die sollen Sie aber nicht ohne entsprechende Stärkung hören. Deswegen gibt es erst die legendäre Hummersuppe und dann mich.«

Leises Lachen war zu hören.

»Ihre Tischnummern entnehmen Sie der Rückseite Ihrer Eintrittskarten. Am Tisch finden Sie dann die Karten mit Ihren Namen, wodurch Sie problemlos auf Ihren Platz gelangen. Ich wünsche Ihnen schon einmal guten Appetit. Bis nachher.«

Die Gesellschaft nahm Platz unter den stuckverzierten Decken des Festsaals mit seinen großen Kronleuchtern. Nachdem die legendäre Hummersuppe aufgetragen und verzehrt worden war, ging Jan ans Rednerpult. Er sprach frei.

»Sehr geehrte Damen und Herren, liebe Freundinnen und Freunde, heute will ich mich einmal nicht an die Tradition halten, dass einzelne Menschen aus dem Publikum aufgrund ihrer Bedeutung noch einmal besonders begrüßt werden. Heute sind wir alle gleich und alle gleichbedeutend für ein Projekt, das armen Kindern den berühmten Platz an der Sonne verschaffen soll.«

Jan machte eine kleine Pause und lächelte strahlend.

»Wir sind alle vereint in dem berühmten Satz von Martin Luther King: *›I have a dream‹*. Er entwirft in dieser Rede seine Vision von Brüderlichkeit und Gleichberechtigung. Wir alle in diesem Saal sind privilegiert, aber das gilt längst nicht für alle Bewohner unserer schönen und stolzen Hansestadt. Sie wissen, dass die Godewill-Stiftung schon seit Jahren Kindergärten und Schulen in den nicht so privilegierten Vierteln Hamburgs unterstützt. Als kleinen, aber von Herzen kommenden Dank dafür, werden wir mit Kinderzeichnungen reich beschenkt. An den Wänden der Büroräume der Stiftung haben wir ihnen einen Platz gesichert, weil es uns immer daran erinnert, was wir für diese Kinder tun. Wir sehen Bilder, wie nur Kinder sie malen können; mit viel Liebe und Einsatz und nicht dem geringsten Gefühl für Linien und Proportionen. Auf die Bilder haben die Kinder auch Sätze geschrieben, wie ›Jan, wir haben dich ganz toll lieb‹.«

Jan sah in die gebannten Gesichter seiner Zuhörer. Dankbare Kinder waren eben immer für große Gefühle gut.

»Ich bin jedes Mal zutiefst gerührt, wenn ich das sehe, auch weil ich weiß, dass die Kinder reinen Herzens sind. Ich habe das als Auftrag verstanden, noch mehr zu tun.

Sie wissen, dass wir auch Organisationen und Einrichtungen unterstützen, die sich um die Hamburger Straßenkinder kümmern. Nach Schätzungen leben rund 700 Mädchen und Jungen in dieser reichen Stadt auf der Straße. Was Sie noch nicht wissen, ist, dass ich die Godewill-Stiftung mit noch mehr Kapital ausrüsten will. Die Stiftung will im größeren Stil Kinder aus sozial schwachen Familien unterstützen, damit sie einen besseren Weg gehen können, als er ihnen vorgezeichnet war. Dazu gehören großflächige Angebote zum Thema Bildung. Wir werden einen kostenlosen Förderunterricht etablieren, aber auch Freizeitangebote, wie Sport, Musikunterricht und vieles mehr organisieren. Wir müssen uns um jene kümmern, die nicht auf der Sonnenseite des Lebens geboren wurden. Das ist das Gebot der Nächstenliebe und der Brüderlichkeit. Und wir müssen etwas für die Gleichberechtigung und die Gleichheit der Chancen tun.«

Jan spürte, dass er sein Publikum erreicht hatte. Er hatte ihnen einen Weg gezeigt, wie auch diese Festgesellschaft zur Gemeinschaft der guten Menschen gehören konnte. Jetzt musste er den Sack nur noch zumachen.

»Sie haben vorhin die legendäre Hummersuppe des Hotel *Pacific* genossen. Sie alle können ab heute zu den besten Menschen der Welt gehören. Unterstützen Sie die Godewill-Stiftung mit Ihren Spenden. Ansonsten möchte ich mich gern an eine Empfehlung Mark Twains halten: ›Eine gute Rede hat einen guten Anfang und ein gutes Ende – und beide sollten möglichst dicht beieinanderliegen.‹ Ich danke Ihnen und wünsche Ihnen einen angenehmen Abend.«

Unter dem Beifall der Gäste ging Jan zurück an seinen Tisch.

»Sie lassen wirklich Träume wahr werden«, zollte Jan Godewills Tischgesellschaft ihm Respekt, in der sich Wirtschaftslenker und einflussreiche Politiker gleichermaßen beeindruckt zeigten.

»Sie haben den richtigen Ton getroffen, Herr Godewill. Eine Welt voller Brüderlichkeit und Gerechtigkeit – wer wollte das nicht?«

Ihr, dachte Jan voller Verachtung. *Für euch läuft es doch gut, so wie es ist.*

Laut sagte er aber: »Und Sie alle können dabei helfen, damit dieser Traum Wirklichkeit wird.«

Er wusste, dass sie spenden würden, schließlich waren in jedem noch zumindest Reste ihres Kindertraums vorhanden, einmal ein guter und gerechter Mensch zu werden. Und das wollten sie natürlich auch öffentlich zeigen, dafür waren solche Charity-Veranstaltungen doch da. Sie erteilten die Absolutionen für alle, denen es dann doch nicht gelungen war, die guten und gerechten Menschen aus ihren Kinderträumen zu werden. Außerdem musste man ganz einfach dabei sein, wenn Godewill einlud und man zu den gehobenen Kreisen in Hamburg zählen wollte. Wer nicht anwesend war, lieferte schnell den Anlass für ein Gespräch mit sehr unerfreulichen Mutmaßungen über seinen finanziellen und sozialen Status.

Als die Gesellschaft schließlich das Hotel *Pacific* verließ, war sie berauscht. Nicht so sehr vom Alkohol, sondern von dem Gefühl, zu den Guten und Gerechten zu gehören und somit auf der Seite der Moral zu stehen, was sie sonst nicht so häufig taten. Genau auf dieses Gefühl hatte Jan gesetzt.

»Warum lächelst du?«, fragte Hel, als sie Seite an Seite auf den Bentley zugingen.

»Mir sind gerade zwei schöne Sätze von Nietzsche eingefallen: ›*Moral ist eine Wichtigtuerei des Menschen vor der Natur.*‹ Und: ›*Die Bestie in uns will belogen werden; Moral ist Notlüge, damit wir von ihr nicht zerrissen werden.*‹«

»Und das ist die Moral in der Geschichte?«

»Ja, das ist die Moral in der Geschichte. Sie haben alle Angst vor der Bestie in sich. Und deswegen geben sie mir gern ihr Geld, weil sie so ohne eigene Anstrengung die Mauer der Moral vor dem Tier errichten können. Dabei lässt es sich so angenehm leben, wenn man erst einmal mit der Bestie seinen Frieden gemacht hat.«

Aber das war nicht immer leicht, wie Jan aus seinen eigenen Begegnungen mit dem Tier wusste. Seinen nächsten Mord würde er mit großer Sicherheit wieder auf andere Art ausführen und nicht so wild und unbeherrscht, denn die Bestie war erst einmal satt.

Die Bühne dafür würde sich ihm in Berlin bieten. In zwei Tagen würde er aufbrechen.

Ferrari

»Harry, einfach Harry«, stellte Haller sich Hauptkommissar Marco Hansen in Hamburg vor. Der entpuppte sich als ein bulliger Typ mit Lederjacke und kurz geschorenen Haaren. Sein fester Händedruck war schon mehr ein Quetschen.

»Und die junge Dame ist Anna. Ich denke, wir haben einiges miteinander zu besprechen.«

»Danke für die Mail«, sagte Hansen. »Wir haben tatsächlich Wolfshaare an der Toten gefunden und Metallspuren sowie schwarze Baumwollfasern. Und als Haupttreffer haben wir die DNS aus dem Sperma, die haben wir an die Analyse-Datei des BKA geschickt. Es gab zwar keine Übereinstimmungen, aber wir haben jetzt einen genetischen Fingerabdruck.«

»Schwarze Baumwollfasern haben wir auch am Businesskostüm von Katharina Sander gefunden. Unsere Labors sollten dringend einen Abgleich machen. Führt ihr jetzt einen Massen-Gentest durch?«

»Ja«, antwortete Hansen mit Elan. »Wir werden zunächst die männlichen Anwohner in der Nähe des Tatorts zur Reihenuntersuchung einladen.«

Dann fügte er mit sehr viel weniger Schwung hinzu: »Wir müssen dabei allerdings sehr viel Fingerspitzengefühl zeigen.«

»Warum?«

»In der Nähe des Tatorts ist die Elbchaussee. Du hast auch in Frankfurt bestimmt schon mitgekriegt, wer da so wohnt.«

»Viele reiche Leute«, kommentierte Haller, der das natürlich auch aus Frankfurt kannte. Es gab immer Schwierigkeiten, wenn die Wohlhabenden zum Objekt polizeilicher Ermittlungsarbeit wurden.

»Ja, und zwar genau die Sorte Menschen, die meint, ihre Körperflüssigkeiten würden die Polizei nichts angehen. Das sind Leute, die sehr einflussreiche Freunde haben, die das dann auch meinen und es schon ungeheuerlich finden, dass ihre Freunde überhaupt in Verdacht geraten können. Und wie du weißt, ist die Teilnahme am Reihentest freiwillig. Eine richterliche Anordnung zur zwangsweisen Entnahme einer DNS-Probe erfolgt nur beim Vorliegen konkreter Verdachtsmomente. Wie auch immer: Die Mails und das darin enthaltene Täterwissen sprechen eine eindeutige Sprache. Wir haben es in Frankfurt und in Hamburg mutmaßlich mit demselben Täter zu tun. Aber warum hat er sein Ritual so massiv geändert?«

»Hat er nicht wirklich«, erklärte Haller entschlossen. »Er hält sich für einen Vitki, einen altnordischen Runenmeister. Denen wurde nachgesagt, dass sie Gestaltwandler sind, welche die Gestalt ihres Krafttieres annehmen können. Bei diesem Runenhexer ist es ganz offenbar der Wolf.«

»Er ist ein Mensch, der sich für einen Wolf hält?«, fragte Hansen mit einem sehr skeptischen Gesichtsausdruck. Haller antwortete und genoss es, da noch einmal etwas draufzusetzen.

»Vielleicht ist es auch ein Wolf, der sich für einen Menschen hält. Wer kann das schon so genau sagen? Auf jeden Fall handeln sie als ein Wesen, allerdings mit ganz unterschiedlichen Vorgehensweisen bei den Tötungen. Einmal kühl und geplant, einmal wild und animalisch unkontrolliert. Wer auch immer von ihnen zuschlägt, sie sammeln offenbar gemeinsam das, was in der Mail die Blutrunen genannt wird.«

»Wie viel Runen sind es denn?«, wollte Hansen wissen.

»Ganz eindeutig vierundzwanzig. Das hat in der Mail gestanden. Vierundzwanzig Runen hat nur das Ältere Futhark, ein Runenalphabet. Aber wir wissen nicht, wie viel Morde es noch werden. Vielleicht hat er schon vorher gemordet. Vielleicht steht er auch erst am Anfang. Schwer zu sagen.«

»Was ist mit der fünfundzwanzigsten Rune, von der in der Mail die Rede ist?«, wollte Hansen wissen.

»Darum hat sich Anna gekümmert. Bitte sehr, Anna.«

Anna hatte schon auf ihren Einsatz gewartet.

»Ursprünglich hatte das Futhark nur vierundzwanzig Runensteine. Die Leerrune ist anscheinend erst später hinzugefügt worden und gehört eigentlich nicht zur Futhark-Reihe. Anscheinend soll sie für einen kommenden Neuen Gott stehen, der in sie sein Zeichen ritzen wird. Der erwählte Vitki aus der Bruderschaft der Blutrunen am Ende der Zeiten.« Annas stummer Dank ging an Google.

»Es sieht so aus, als wollte sich der Mörder über die Blutrunen in einen Gott verwandeln«, sagte Haller und schaute seinen Hamburger Kollegen erwartungsvoll an. Dessen Gesicht hatte einen ziemlich ungläubigen Ausdruck angenommen.

»Wie will er das denn machen?«, fragte Hansen.

»Vielleicht begeht er einen rituellen Selbstmord, um als Mensch zu sterben und als Gott wieder aufzuerstehen. Wer kann das bei so einem Killer schon sagen?«

»Wenn er schon vorher gemordet hat, müssten wir dann nicht schon davon gehört haben?«

»Nicht unbedingt«, gab Haller zu bedenken. »Es gibt Gegenden auf der Welt, in denen Menschenleben nichts zählen und die Ermittlungen schlampig geführt werden. Er könnte also auch schon woanders getötet haben.«

»Er will sich in einen Gott verwandeln. Was macht er eigentlich, wenn er feststellt, dass es nicht geklappt hat?«, wollte Hansen wissen.

»Wenn wir Pech haben, wird er dann versuchen, herauszufinden, wo der Fehler lag und von vorn anfangen. Er hat ein Ziel, das er unbedingt erreichen will.«

»Vielleicht ist das ja schon längst passiert«, bemerkte Hansen, der in diesem Augenblick sehr nachdenklich wirkte. »Und es ist nicht die erste Runde, die er dreht.«

»Ja«, bemerkte Haller lakonisch. »Vielleicht ist das so.«

Einen Moment schwiegen beide und in Hallers Kopf stiegen schlimme Bilder auf von einem Serienmörder, der noch auf Jahre seine blutigen Abdrücke auf dem Planeten hinterlassen würde.

»Ich würde mir gern den Tatort am Elbufer ansehen. Ist das möglich?«

»Aber natürlich«, sagte Hansen und schnappte sich seine Jacke von der Stuhllehne. »Ich fahre dich und die junge Kollegin gern.«

Das war bestimmt auch ein freundliches Angebot, aber Haller war sich sehr sicher, dass der Kollege ihn einfach in seinem Revier nicht unbeobachtet lassen wollte. Er selbst hätte nicht anders gehandelt.

Als Haller die Villen an der Elbchaussee sah, konnte er sehr gut nachvollziehen, worin Hansen die Schwierigkeiten sah. Der Eindruck verstärkte sich noch, als ein Ferrari aus einer der Ausfahrten auf die Straße gelenkt wurde und auf der Gegenfahrbahn an dem Dienst-Passat der Beamten vorbeifuhr.

So müsste man leben, dachte Anna und erinnerte sich wehmütig an den Inhalt von Katharina Sanders Kleiderschrank.

Sie stellten den Wagen ab und stiegen aus, was Haller die Möglichkeit gab, nach einer Zigarettenschachtel zu suchen.

»Willst du auch eine?«

»Nein, danke«, sagte Hansen. »Habe ich vor Jahren aufgegeben.«

In seinen aufsteigenden Raucherhusten hinein sagte Haller: »War bestimmt eine kluge Entscheidung.«

Als Hallers kleiner Hustenanfall beendet war, gingen sie durch den Heinepark ans Elbufer zum Tatort. Hansen stutzte und zeigte dann auf einen Baum, in dessen Rinde ein Zeichen eingeritzt und rot gefärbt worden war.

»Das war vorher noch nicht da.« Hansen war sich sicher.

Unter dem Runenzeichen klaffte ein Spalt im Baum. Darin steckte ein Pergament. Hansen streifte seine Gummihandschuhe über, zog das Blatt heraus und las vor, was dort in roter Schrift stand.

›Furchtlos ist das wilde Tier

Furchtlos der Vitki, der seine Kraft nützt
und die Mächte des Chaos nach seinem Willen formt.‹

»Ich glaube, die Spurensicherung wird sich das hier noch einmal ansehen müssen.« Haller spielte den Ball seinem Kollegen zu. Das war schließlich sein Beritt.

»Wir werden noch heute eine Pressekonferenz abhalten, auf der wir unter anderem verkünden, dass wir DNS gefunden haben. Und natürlich auch die Wolfshaare und die schwarzen Fasern. Vielleicht hat ja jemand einen Wolf mit Fell und menschlicher Kleidung gesehen. O Mann, ich kann gar nicht fassen, dass ich das sage!«

Hansen nahm den Ball auf. »Ich kann dir jetzt schon eine ganz sichere Schlagzeile verraten: *›Wolf tötet Rotkäppchen‹*.«

»Genau das vermute ich auch«, sagte Hansen, auf dessen Stirn sich Sorgenfalten breitmachten. »Ich könnte mir aber auch sehr gut *›Der Wolf der Elbchaussee‹* vorstellen. Ein schönes junges Mädchen, bestialisch ermordet in der Nähe einer sehr noblen Gegend. Der Polizeipräsident, die Staatsanwaltschaft und der Erste Bürgermeister werden nicht begeistert sein und viele andere in oberen Hierarchiestufen auch nicht.«

»Kommt mir irgendwie bekannt vor«, entgegnete Haller mit einem kleinen Seufzer.

»Ich weiß. Hab die Schlagzeilen gelesen: *›Der Bankerripper von Frankfurt‹* und auch der *›Ripper von Bankfurt‹*. Damals habe ich mir nur eins gedacht: Hoffentlich passiert uns nie so etwas.«

»Denke dir das Schlimmste aus, dass passieren kann, und es kommt garantiert noch schlimmer«, bemerkte

Haller lakonisch, steckte sich eine Filterlose zwischen seine Lippen und zündete sie an, was augenblicklich zu einem Hustenanfall führte.

Zu dem Schlimmeren gehörte eindeutig, dass sich Hallers Befürchtungen bestätigt hatten: Er hatte es mit einem Serienkiller zu tun. Doch was als Ritualmord durch einen kontrollierten Täter begonnen hatte, war in Hamburg zu einem unbeherrschten Blutrausch geworden. Der Killer sah sich als Vitki. Jetzt war er mit seinem Tierbruder verschmolzen und in einer neuen Gestalt auf die Jagd gegangen.

Haller war ihm näher gekommen, aber er hatte ihn noch nicht. Er hatte die Aufmerksamkeit des Mörders auf sich gezogen und ihn provoziert, in der Hoffnung, dass der dadurch unvorsichtiger wurde. Auch deshalb hatte er ihn als impotent bezeichnet. Damit, dass der Mörder ihn bedrohte, ihn töten und in seine Knochen eine Rune ritzen wollte, musste er leben. Das war eben der Nachteil an seiner Vorgehensweise.

Was das auch immer genau bei dem Killer ausgelöst hatte, jetzt hatten sie immerhin sein Sperma. Dass der Mörder Haller per Mail mit Informationen versorgte, bedeutete, dass er sich für den Chef im Ring hielt, der mit den Ermittlern nach Belieben spielte. Für intelligente Serienmörder, die von ihrer eigenen Macht berauscht waren, war ein solches Verhalten nicht unüblich.

Harry erinnerte sich an den Zodiac-Killer, der Ende der 1960er-Jahre im Raum San Francisco gemordet hatte. Seine verschlüsselten Bekennerschreiben, mit denen er den Behörden Hinweise auf seine Identität geben wollte, schickte er an Lokalblätter und erpresste die

Veröffentlichung mit der Androhung neuer Morde. Er war nie gefasst worden, hatte unter anderem aber den Stoff für mehrere Verfilmungen geliefert.

***

Die fassen mich nie, dachte Jan triumphierend und entspannte sich, während er mit seinem Ferrari durch Hamburg cruiste.

Berlin

Als Jan Anfang September mit dem ICE auf dem Weg von Hamburg nach Berlin war, um eine weitere Blutrune zu ernten, öffnete er ein in Leder gebundenes Buch. Es war ein Band von Marcel Prousts *Auf der Suche nach der verlorenen Zeit.* Jan wollte unbedingt noch einmal die Geschichte über die Liebe von Swann lesen.

Für ihn war die Fahrt nach Berlin immer auch so etwas wie seine ganz persönliche Reise in die verlorene Zeit. Hier hatte er seinerzeit studiert. Dreimal hatte er mit einem Studium begonnen, aber keinen der Studienabgänge abgeschlossen, sobald er gelernt hatte, was er brauchte. Medizin, weil er wissen wollte, was die Menschmaschine antreibt und zusammenhält. Chemie, um in die Tiefen der Menschmaschine einzudringen. Und schließlich Kunstgeschichte, weil ihn interessierte, warum die Menschmaschine so etwas konnte.

Diesmal war er unterwegs zu einem alljährlichen Kongress, zu dem sich rund 1.500 Öffentlichkeitsarbeiter aller Betriebsgrößen und Bedeutungshierarchien mit den Pressesprechern öffentlicher Institutionen trafen, Vorträgen zuhörten und Paneldiskussionen lauschten.

Und weil es dort um Sprache ging, konnte Jan auf diesem wohlbestellten Acker Ansuz ernten, die Rune der Sprache und der Kommunikation, die dem Wort suggestive und hypnotische Kraft verlieh und für das Element Luft stand.

ᚨ

Eine gute Gelegenheit wäre die Nacht der Sprecher, eine Abendveranstaltung, die schon an den unterschiedlichsten Orten in Berlin stattgefunden hatte, aber immer waren die Teilnehmer über einen roten Teppich gegangen. So konnte sich auch der Sprecher einer Gülleverwertungsgemeinschaft einmal wie ein Filmstar fühlen. Nicht zuletzt war so etwas nach Jans Erkenntnissen ein sehr gewichtiger Grund für den beträchtlichen Zulauf zu diesem Kongress.

Natürlich gab es dort auch bedeutendere Vertreter der PR-Branche. Aber eines einte sie alle: Bei ihrem selbstverliebten, selbstvergessenen und trunkenen Tanz um das Goldene Ich waren sie alle irgendwann reif für den Schnitter, den sie in ihrer Verblendung nicht erkennen würden. Und dann war seine Stunde gekommen.

Aber noch war Zeit. Das Programm des Kongresses interessierte Jan nicht besonders. Und die Nacht der Sprecher war erst morgen.

Wenn der Mäzen und Mörder in der Hauptstadt war, fuhr er gern mit der S-Bahn, weil sie auf ihren Strecken auch einen Blick auf das ungeschminkte und authentische Berlin bot. Und er checkte gern in ein Art-Hotel mitten im pulsierenden Berliner Leben ein, wo eine Suite für ihn reserviert war. Er mochte das Hotel wegen seiner legeren Unaufgeregtheit. Außerdem war jeder der Flure von einem anderen Künstler gestaltet worden, was Jan als Bekenntnis zur gelebten Kunst sah und schätzte. Zur gelebten Kunst gehörte auch, dass gleich am Eingang ein nicht mehr ganz junger bärtiger Holländer seine Aquarelle verkaufte. Als Jan sich interessiert zeigte, hatte der Mann gewisse Vorbehalte.

»Ich habe keine Kinder. Meine Bilder sind meine Kinder. Sagen Sie mir erst, wo meine Kinder hinkommen.«

Jan beschrieb ihm die lichtdurchfluteten Räume. Der Maler schien sehr zufrieden damit zu sein. Als Jan Godewill ihm gleich zehn Bilder abkaufte, war der Künstler einen Moment völlig fassungslos und dann neugierig.

»Warum kaufen Sie so viele Bilder?«

»Weil Sie die richtigen Fragen stellen.« Jan zog ein Bündel Geldscheine aus der Tasche und bezahlte den Holländer.

»Schicken Sie mir bitte die Bilder zu«, sagte er und holte ein kleines silbernes Etui hervor. »Hier ist meine Karte.«

Jan ging an die Rezeption und checkte ein. Danach drehte er ein paar Runden im Hotelpool, ein kleines Ritual, das ihm das Gefühl gab, angekommen zu sein. Erst als er dann zurück in seiner Suite war, packte er seinen Rollkoffer aus und nahm den mitgebrachten Würfel in die Hand. Es war Jans Entscheidung gewesen, bei der Jagd nach Ansuz den Zufall entscheiden zu lassen. Würfelte er eine Vier bis Sechs, würde er erst bei der Nacht der Sprecher seine blutige Ernte einfahren, bei Eins bis Drei schon früher.

Der Würfel rollte, blieb schließlich liegen und zeigte eine Zwei. Also früher! Jan packte den Würfel in die Tasche seines schwarzen Sommermantels und verließ am

Abend das Hotel in Hochstimmung. Er war auf der Jagd, und das Prickeln in seinem Körper ließ ihn sich ungeheuer lebendig fühlen.

Sein Ziel war die Gegend um die Hackeschen Höfe und die Oranienburger Straße, wo an einem lauen Sommerabend die Damen mit den hohen Schuhen und den kurzen Röcken auf Kundschaft warteten, aber auch das Kulturleben nicht zu kurz kam. Jan liebte diese Mischung.

Er ließ sich durch den Abend treiben und entdeckte eine vielversprechende Straßenmusikantin, eine junge Frau mit Gitarre. Jan setzte sich an einen Tisch in Blick- und Hörweite der Musikerin, die auf ihrem langen Haar einen Zylinder mit einem bunten Tuch trug, dazu einen kurzen Rock, Cowboystiefel und ein Bustier. Vor ihr auf dem Pflaster lag ein Hut, in dem sie Geld sammelte. Und dann sang sie. Sie hatte eine gute Stimme. Jan genoss den Klang. Die Gitarristin besang die Liebe ihres Lebens. Das war nun wirklich nicht neu, aber dieses Lied war doch etwas sehr Besonderes. Sie sang von Menschen, die zu Wölfen wurden und dem reißenden Hunger der Bestien auf der Jagd im Rudel, verbunden in ewig währender Liebe.

Jan war wie elektrisiert. Hatte er gerade das Liebeslied einer Wölfin gehört und den Ruf nach der Bestie? Allerdings brauchte er im Augenblick keine Bestie als Gefährtin, sondern eine Rune.

Dann kam die junge Frau auf ihn zu und setzte sich an seinen Tisch. Sie hatte wohl seinen Blick gespürt.

»Hat es dir gefallen?«

»Ja, sehr.«

»Das muss es auch, denn das war nur für dich«, sagte die Straßenmusikantin und lächelte, wobei sehr spitze weiße Zähne hinter ihren roten Lippen aufblitzten. »Ich habe dich schon eine ganze Weile beobachtet. Du bist etwas Besonderes.«

»Das bist du doch auch«, sagte Jan und lächelte.

»Das stimmt«, antwortete die Musikerin und strich lasziv ihr Haar zurück. »Was hast du jetzt vor?«

»Ich glaube, dass du durchaus für Dichtkunst stehen könntest. Kennst du vielleicht die Runen? Insbesondere die Rune Ansuz, die auch die Rune der Dichter ist?«

Sie schaute ihn fragend an, aber völlig arglos. Nein, über Runen wusste sie wohl nichts. Aber über Wölfe. Das verdiente eine Chance.

»Du siehst so aus, als würdest du gern einmal das Schicksal herausfordern. Hier, nimm den Würfel, dann finden wir heraus, was als Nächstes geschieht.«

Jan sah mit kaum unterdrückter Erregung, wie sie den Würfel in ihre schlanke Hand nahm und ihn über den Tisch rollen ließ.

»Eine Sechs«, sagte sie erwartungsvoll. »Was jetzt?«

»Jetzt gebe ich dir hundert Euro, und du kannst deiner Wege ziehen.«

»Und wenn ich eine andere Zahl gewürfelt hätte?«

»Dann wäre etwas Anderes passiert«, bemerkte Jan geheimnisvoll.

Sie wirkte verwirrt, war dann aber froh, von dem unheimlichen Unbekannten wegzukommen, der sich erkennbar nicht mehr für sie interessierte.

Als Jan weiter unternehmungslustig durch das Viertel streifte, entdeckte er ein Plakat in einem Kneipenfenster, das ihn anzog. Heute Abend sollte es dort Livemusik mit irischer Harfe und gälischen Liedern geben.

Das Foto der Künstlerin Sinend O'Sullivan warb auf dem Plakat für einen Songabend mit der Künstlerin. Eine zarte, fast schon feenhafte Erscheinung, weswegen Jan sie sofort erkannte, als sie parkte, aus ihrem alten Kombi stieg und aus der weit geöffneten Heckklappe ihre Harfe zog, die nicht viel größer als einen Meter war. Jan erinnerte sich, dass Sinend in der irisch-keltischen Mythologie eine sterbliche Frau war, die durch ihren Tod in die Göttin der Dichtkunst transformiert wurde.

Schon wieder ein Zeichen, dem er folgen musste. Aber letztlich würde der Würfel entscheiden, ob Jan eine Sterbliche in eine Göttin verwandeln würde, mit einem ewigen Leben in der Gemeinschaft der Blutrunen. Jan folgte ihr, nahm in der Kneipe Platz und orderte ein Guinness, auch bekannt als ›die samtschwarze Muttermilch der Iren‹.

Etwas später kam Sinend in einem langen, wallenden Kleid auf die Bühne. Ihre brünette Mähne hatte sie mit einem Stirnband gezähmt. Sie setzte sich hinter ihrer Harfe auf einen Stuhl und entlockte ihrem Instrument Klänge, die direkt aus der Sphäre der Götter und Feen zu kommen schienen. Jan war verzaubert. Und als sie dann auch noch uralte Lieder von Liebe, Leid und großen Heldentaten sang, denen sie eigene Texte hinzufügte, stiegen ihm vor tiefer Ergriffenheit Tränen in die Augen.

Im Publikum war es vollkommen still. Es spürte die ungeheure Magie, die von der Sängerin ausging. In ihr lebte die Göttin der Dichtkunst, und Jan konnte sie befreien. Er ließ den Würfel über den Kneipentisch rollen. Eine Eins. Damit war es entschieden. Die Harfenistin würde sterben. Heute Abend. Jan musterte sie voller Vorfreude. Ja, sie war wirklich perfekt. Sinend würde sich ganz hervorragend in seiner Gemeinschaft der Blutrunen machen.

Nach dem Konzert brachte die Frau zunächst die Harfe in ihren Kombi und ging dann noch einmal zurück in die Kneipe. Da stand Jan schon auf dem Bürgersteig und beobachtete durch die Scheibe, wie die junge Frau im Gespräch laut lachte.

»Sehr gut«, sagte er sich durchaus wohlwollend. »Soll sie fröhlich sterben.«

Die Musikerin hatte ein Fenster ihres Autos nicht ganz hochgekurbelt. Jan streifte sich dünne Lederhandschuhe über und entriegelte die Autotür mit einem Draht, in den er eine Schlaufe gebunden hatte. Dann versteckte er sich auf dem Rücksitz. Wenn sie in Begleitung zurückkam, musste er improvisieren.

Als sie dann allein einstieg, ließ sie den Motor an, schaute in den Außenspiegel, setzte den Blinker und fuhr los. Nach kurzer Zeit begann sie, mit ihrer glockenhellen Stimme gälische Lieder zu singen. Sie sang die ganze Fahrt über und immer noch, als sie in einer unbelebten Seitenstraße ihren Wagen parkte und den Motor abstellte. Jan vermutete von der Dauer der Fahrt her, dass sie in einem Außenbezirk von Berlin waren. Berlin-Mitte war für die junge Künstlerin mit Sicherheit unbezahlbar.

Gut, dachte Jan zufrieden. *Du wirst singend sterben und mit deinem göttlichen Gesang die Gemeinschaft der Blutrunen erfreuen.*

Gerade zog die Sängerin den Schlüssel aus dem Lenkradschloss und wollte die Tür öffnen, da schlang er die Harfensaite mit den Holzgriffen um ihren zarten Hals und zog zu. Sinend griff noch in einem Reflex nach der

Saite, aber sie wurde zu schnell bewusstlos und starb ohne großen Kampf.

Jan riss ihren Kopf nach hinten und ritzte in ihre Stirn die Rune Ansuz.

Zwischen ihre Lippen schob er ein vorbereitetes Pergament mit einem Runenvers.

›Der Mund ist der Zauberherr der Worte.

Worte, die Sinne zu erfreuen.

Worte, die Sinne zu fesseln und Zauber zu weben.‹

Er hatte das Blatt, zur Vollendung, noch kurz zuvor in das frische Blut auf ihrer Stirn getaucht. Etwas Blut zweigte er außerdem für eine mitgebrachte Phiole ab. Bevor er ausstieg, strich er Sinend das Haar fürsorglich so zurecht, dass es den Würgedraht und das blutige Zeichen auf der Stirn bedeckte.

»Du sollst doch hübsch aussehen, wenn sie dich finden«, sagte er mit aufrichtiger Wärme in der Stimme.

Dann setzte er ihr noch einen MP3-Player auf, aus dem Johann Sebastian Bachs *Orchester-Suite Nr. 3* klang, die Jan mit dem Tanz der luftigen Elemente verband. Er ging noch einmal gedanklich seine Checkliste durch. Nein, nichts vergessen. Nur den Zeigefinger der rechten Hand musste er noch mitnehmen.

Ein Schnitt, dann war auch das getan. Jan stieg aus, schaltete sein Smartphone ein und suchte die nächste S-

Bahn-Station. Denn dort war die Videoüberwachung gegenüber den U-Bahnen, Bussen und Straßenbahnen der BVG absolut unzureichend. Die Videokameras funkten ihre Bahnsteig-Aufnahmen vom Streifen entlang des Zuges auf einen Monitor des Fahrers. Damit ersetzten die Hightech-Geräte nur den Abfertiger vor Ort. Die Bahnhöfe wurden nicht komplett überwacht, wenn denn überhaupt Kameras installiert waren. Gut für Jan: Er war in Spandau.

Nach einem kurzen Fußmarsch zur nächsten Station fuhr er mit der S-Bahn zurück zur Oranienburger Straße. Aber unterwegs machte er noch einen Abstecher in sein Hotel, wickelte den Finger in ein Tuch und legte ihn in den Kühlschrank. Er wusste schließlich noch nicht so genau, wo ihn die Berliner Nacht wieder in den Tag speien würde. Und ihm war natürlich klar, dass ein abgeschnittener Zeigefinger in der Jackentasche, der nicht einmal einem selbst gehört, etwas war, das man schlecht erklären konnte.

Von der Oranienburger Straße zog Jan weiter durch die Clubs. Gegen fünf Uhr morgens war er wieder im Hotel, gegen zehn Uhr frühstückte er in der Lounge und danach machte er noch einen Abstecher in einen legendären mehrstöckigen Kulturtempel. Dort gab es auf fünf Stockwerken nicht nur Verkaufsflächen, sondern auch Leseecken.

Als er die Kunstabteilung betrat, kam ihm der Abteilungsleiter entgegen, den er schon von früheren Besuchen und seinen Lesungen in dem Kulturtempel kannte. Er begrüßte ihn fast überschwänglich.

»Schön, dass Sie mal wieder da sind, Herr Godewill. Ich habe Ihren Artikel über Toulouse-Lautrec gelesen. Superb. Ganz superb.«

Jan hörte ihm nicht wirklich zu, weil ihn gerade ein ganz anderes Thema beschäftigte.

»Haben Sie schon einmal über die Bedeutung des Zeigefingers an der rechten Hand für die Kunst nachgedacht? Ich meine, wie sollte ein Rechtshänder ein großes Werk ohne Daumen und rechten Zeigefinger schaffen?«

Jan führte den armen Mann sichtlich an die Grenzen seiner Vorstellungskraft.

»I-ich verstehe nicht ganz«, stotterte der Diener der Musen mit Angestelltenvertrag im Kulturtempel.

»Das kommt daher, weil Sie wahrscheinlich noch nie sehr viel über den Zeigefinger an der rechten Hand nachgedacht haben. Aber das geht vielen so, bis sie ihn verlieren.«

Abwesend blätterte Jan in einem opulenten Werk über Hieronymus Bosch. Aber aus den Augenwinkeln beobachtete er amüsiert die Reaktion seines Gegenübers.

Der Abteilungsleiter schaute Jan völlig verwirrt an, murmelte dann etwas davon, dass er jetzt einen ganz dringenden Termin habe und wegmüsse.

»Auf Wiedersehen, Herr Godewill. Beehren Sie uns bald wieder.« Damit verschwand er.

Jan hatte schon genug vom Müßiggang. Er machte sich auf den Weg in das nächste Internetcafé, um an Haller zu schreiben.

In Hamburg hat der Wolf einen Seemann geholt, im Elbschlamm, an der Grenze zwischen Land und Wasser. Er wollte die

Welt entdecken und endete im Schlamm, wo Hunde und Tiere an ihm nagten. Seinen Finger trug er als Glücksbringer um den Hals.

Laguz – die Rune des Meeres und des Urwassers. Und Wasser ist ihr Element.

›Gefährlich ist das große Wasser
Der Reisende steht auf schwankendem Grund
Und muss doch den Wogenhengst zähmen.‹

Der Seemann hört nun Georg Philipp Telemanns Wassermusik in alle Ewigkeit.

In Berlin zog die göttliche Harfenistin singend in die Gemeinschaft der Blutrunen.

Ansuz – die Rune der Magie des Wortes und der Dichtkunst. Ihr Element ist die Luft und dies ist ihr Vers:

›Der Mund ist der Zauberherr der Worte
Worte, die Sinne zu erfreuen
Worte, die Sinne zu fesseln und Zauber zu weben.‹

Ihr werdet sie finden mit einem Harfendraht um den Hals und Johann Sebastian Bachs Orchester-Suite Nr. 3 in ihren toten

Ohren. Und ihr fehlt der Zeigefinger an der rechten Hand. Vier Runen, vier Elemente. Die Transformation ist nah.

SOKO

Als die neueste Botschaft des Killers auf Hallers Dienst-PC landete, war der Hauptkommissar schon wieder in Frankfurt. Während Haller die Mail las, ballte er die Fäuste vor Wut, bis die Knöchel weiß anliefen. Der Killer tanzte ihnen allen auf der Nase herum.

»Du bist erledigt«, schwor er sich. »Ich werde dich zur Strecke bringen.« Dann wählte er Annas Nummer.

»Der Mörder hat offenbar wieder zugeschlagen. Du bekommst eine Mail von mir. Leite die bitte sofort an Hansen weiter und frag in Berlin nach, wer dort bei der Mordkommission zuständig ist.«

Das konnte dauern. Haller traf seine Vorbereitungen und ging auf die Herrentoilette, um sich ein Nikotinpflaster aufzukleben. Als er vom WC zurückkam, wartete Anna schon in seiner geöffneten Bürotür.

»Harry, in Berlin haben sie die Tote bereits entdeckt. Ich habe gesagt, dass du zurückrufst. Hier ist die Nummer von dem Zuständigen. Thorsten Vogt heißt er.«

Haller rief an und fragte, ob Vogt die Mail gelesen hatte. Hatte er. Die Kollegen in Berlin hatten das Opfer heute Morgen gefunden. Nachbarn, die sie gut kannten, hatten die Tote im Auto entdeckt und erst gedacht, sie wäre eingeschlafen. Als die Frau nicht auf Klopfzeichen reagierte, öffneten sie die Autotür. Erst als die Sängerin ihnen entgegenfiel, sahen sie den Würgedraht mit zwei Holzgriffen und das blutige Zeichen auf ihrer Stirn. Direkt erkennbar gewesen war auch, dass ihr der Zeigefinger an der rechten Hand fehlte.

»Du kannst dir denken, was hier los ist. Auch nach den Morden in Frankfurt und Hamburg. Wir haben Zeitung gelesen, konnte man ja schwer übersehen. Allerdings haben unsere Oberen offenbar auch Zeitung gelesen. Hier ist die Hölle los.«

»Wer war das Opfer?«, wollte Haller wissen, dem die Art Hölle sehr vertraut war, die die Oberen entfesseln konnten.

»Eine fünfundzwanzigjährige Harfenistin namens Sinend O'Sullivan. War ein Riesentalent und stand kurz davor, bei einem großen Label unter Vertrag genommen zu werden.«

Vogt beschrieb die näheren Umstände, wie die Leiche aufgefunden worden war.

»Er hat ihr die Rune der Dichtkunst in die Stirn geritzt? Und dann ihre Haare über der Rune und über dem Würgedraht drapiert?«, bemerkte Haller und ergänzte dann nachdenklich: »Er hatte höchsten Respekt vor ihr, was für die Frauen in Frankfurt und Hamburg ganz offenbar nicht galt.«

Dann fiel ihm der aktuelle Fall aus Hamburg mit dem Seemann ein, der zunächst gar nicht in die Serie gepasst hatte.

»Anna, du hörst doch mit?«

»Ich bin hier, Chef.«

»Was ist mit dem Seemann?«

»Da sind die Hamburger Kollegen noch dran. Die hatten den schon als einfachen Unglücksfall abgehakt und ihn zur Verbrennung freigegeben. Immerhin konnten sie noch herausfinden, dass der obdachlose Seemann den Zeigefinger seiner rechten Hand als Talisman in einem

Beutel um seinen Hals getragen hatte. Der Finger musste bei einer seiner Reisen amputiert werden, weil er nach einer Verletzung brandig geworden war. Seltsamer Humor.«

»Kollege Haller«, sagte Vogt. »Ein Serienkiller, der in drei Städten zuschlägt … Ich denke, das ist ein bisschen zu groß für uns. Das schreit nach einer übergeordneten Sonderkommission.«

Vogt und Haller vereinbarten einen engen Austausch bei den Ermittlungen. Als Anna sein Büro verlassen hatte, rief der Hauptkommissar die Staatsanwältin an und brachte sie auf den neuesten Stand. Morde in jetzt drei Städten, das würde nicht mehr ohne SOKO weiterlaufen. Haller hoffte nur, dass er dann nicht ganz aus den Ermittlungen draußen war.

»Ich muss ein paar Telefonate führen«, sagte die Staatsanwältin. »Ich rufe zurück.«

Als Haller den angekündigten Anruf bekam, erfuhr er, dass es nun eine Sonderkommission beim LKA in Wiesbaden geben würde. Er war zwar nicht als deren Leiter vorgesehen, das machte natürlich ein Erster Hauptkommissar. Aber die Staatsanwältin hatte ein Trostpflaster für ihn.

»Ich habe dafür gesorgt, dass Sie stellvertretender SOKO-Leiter werden. Was heißt, dass Sie weiterermitteln können. Betrachten Sie das als die inoffizielle Geburtsstunde der SOKO Rune.«

Das war eine gute Nachricht. Er musste das gleich Anna erzählen, die er mit in die SOKO nehmen wollte. Tja, er konnte dem jungen Ding schon so einiges bieten. Anna freute sich pflichtbewusst und lobte ihren Chef, der einer Kommissarsanwärterin solche Möglichkeiten bot. Auf dem Rückweg in sein Büro holte sich der sehr beschwingt wirkende Hauptkommissar eine Tasse Kaffee. Als er die Tasse auf den Schreibtisch stellte, sah er sofort die neue Mail des Mörders.

Ihr seht mich, aber ihr erkennt mich nicht. Ich bin das öffentlich Verborgene. Ihr seid Zeugen meiner Taten im Licht und wisst nichts über die dunklen Pfade. Ich bringe Leben zu denen, die in Not sind und ernte im Blut. Ich bin der Wohltäter, und ich bin der Wohlfahrtsausschuss, das Füllhorn des Glücks und die Guillotine. Wer bin ich?

»Du willst mit uns spielen.« Haller sprach laut vor sich hin. »Mal sehen: ›Ihr seht mich, aber ihr erkennt mich nicht. Ich bin das öffentlich Verborgene. Ihr seid Zeugen meiner guten Taten im Licht und wisst nichts über die dunklen Pfade.‹ Deine guten Taten geschehen im Licht der Öffentlichkeit. Damit prägst du das Bild von dir so sehr, dass niemand die Abgründe sieht, allein schon, weil man dir das nicht zutraut. ›Ich bringe Leben zu denen, die in Not sind, und ernte im Blut. Ich bin der Wohltäter, und ich bin der Wohlfahrtsausschuss, das Füllhorn des Glücks und die Guillotine. Wer bin ich?‹«

Haller durfte nicht zu kompliziert denken. Hier ging es um etwas Offensichtliches, was ja bekanntlich am Ehesten übersehen wurde. Was übersah er?

»Du kümmerst dich um Menschen in Not und bist ein Wohltäter.« Haller dachte laut. »Du musst ein bekannter Mann sein, der sich auch durch gute Taten einen Namen gemacht hat. Der komplette Gegenentwurf zu dem, was du wirklich bist. Du hast die perfekteste Tarnung, die ein Serienkiller haben kann: Du bist ein guter Mensch, ein Wohltäter. Und du liebst es, in aller Öffentlichkeit aufzutreten. Du liebst es, dich öffentlich zu zeigen und gleichzeitig das offene und das verborgene Geheimnis zu sein. Du denkst: Hier bin ich, und ich war die ganze Zeit vor eurer Nase, aber ihr Mäuse habt die Katze nicht erkannt. Du bist vorsichtig und intelligent. Aber als du dich in einen Wolf verwandelt hast, warst du nicht mehr so vorsichtig und überlegt. Du hast in deinem Revier gejagt, wie es alle Raubtiere tun. Gehen wir davon aus, dass du dir die Beute vor deiner Nase geholt hast. Dann könntest du sehr gut an der Elbchaussee wohnen und ein sehr großes Spiel mit den Mäusen spielen. Etwas anderes wäre unter deiner Würde. Aber wer bist du? Wo bist du?«

Anna stand in der offenen Bürotür und lauschte gebannt dem Monolog ihres Chefs.

»Hol mir Hansen ans Telefon«, sagte Haller ungeduldig, der seine Schlussfolgerungen unbedingt loswerden musste.

Der Hamburger Kollege hörte sich alles an, was Haller zu sagen hatte. Dann half er, nachzudenken.

»Warum hat er überhaupt Mails an dich geschickt und jetzt auch noch die, mit der er eine Spur zu sich legt? Der spielt mit dir. Und glaubt sich maßlos überlegen. Er weiß anscheinend, dass du auch weiterhin ermittelst, weil bei euch der erste Mord geschehen ist. Jedenfalls bis eine SOKO übernimmt. Aber auch dann wärst du ja wahrscheinlich weiter dabei. Auf dein Wissen in dieser Sache kann man schließlich nicht so leicht verzichten.«

Haller spann den Faden fort: »Gut. Der Mörder ist sich seiner Sache also sehr sicher. Wie er schreibt, ist die Transformation nah. Nur noch eine kurze Zeit, und er ist in seiner Vorstellung völlig unangreifbar. Deshalb hat er das Spiel erweitert, um einfach noch für ein bisschen Extra-Spannung zu sorgen. Und wohl auch, um den Kreis der Mäuse zu erweitern.«

Haller kam jetzt richtig in Fahrt und zog mit der linken Hand kleine Kreise durch die Luft.

»Wir wissen ja, was die Katze mit den Mäusen macht.«

»Sie spielt mit ihnen, bevor sie sie tötet. Was brauchst du?«

»Ich brauche eine Liste mit allen Leuten, die an der Elbchaussee wohnen und besonders als Wohltäter und durch öffentliche Auftritte in diesem Zusammenhang aufgefallen sind. Wir sollten damit in der Nähe des Tatorts anfangen und uns dann bei Bedarf immer weiter vorarbeiten. Denn ich kann mir gut vorstellen, dass unser Mann gleich über das erste mögliche Opfer hergefallen ist, als er sich in seiner Fantasie in einen Wolf verwandelt hat. Er hat Rotkäppchen getötet wie ein Raubtier. Ein Raubtier geht ökonomisch vor und streift nicht erst stundenlang durch sein Revier, wenn seine Beute direkt vor der Nase spazieren geht.«

»Wir hatten erst kürzlich ein riesiges Charity-Event im Hotel *Pacific*. Die Gästeliste war so prominent, dass die Veranstaltung Stadtgespräch war. Und die Polizei musste natürlich das Ganze schützen. Was meinst du, was die Kollegen über die Überstunden gesagt haben, die sie für diese Leute schieben mussten. Der Polizeipräsident war übrigens auch eingeladen.«

»Wie hieß der Veranstalter?«, wollte Haller wissen, während er eine Packung Kekse lautlos aus seinem Schreibtisch zog.

»Jan Godewill. Der ist bei uns stadtbekannt. Seine Stiftung kümmert sich um sozial benachteiligte Kinder und Jugendliche. Auch um Straßenkinder, deswegen kennen wir ihn auch bei der Hamburger Polizei. Er hat im ganz großen Stil vor 300 geladenen Gästen aus den Spitzen der Hamburger Gesellschaft angekündigt, das Stiftungskapital für seine Godewill-Stiftung zu erhöhen. Er gilt als so etwas wie der gute Mensch von Hamburg.«

»Würde passen. Aber es gibt doch sicherlich noch andere.«

»Auf jeden Fall würde es sich wahrscheinlich lohnen, Godewill und seine Aktivitäten einmal genauer unter die Lupe zu nehmen«, sagte Hansen, den jetzt endgültig das Jagdfieber gepackt hatte, nicht zuletzt deswegen, weil es gegen einen Villenbesitzer an der Elbhaussee ging. Wann kam er sonst schon einmal an diese Leute ran? »Ich maile dir einen Link zu einem der Artikel über die Charity-Veranstaltung zu. Dann weißt du auch, wie Godewill aussieht.«

Die Mail kam postwendend. Als der Zeitungsartikel sich auf dem Bildschirm öffnete, fiel Haller neben Godewill eine hinreißend aussehende Frau mit langen schwarzen Haaren auf. Sie hatte ein auffälliges blauschwarzes Tattoo auf der rechten Gesichtshälfte. Aus der Bildunterschrift erfuhr er, dass sie Godewills Assistentin war.

Elbchaussee

Hel sah auf den Bildschirm, als an der Pforte zu Jans Villa die Klingel gedrückt wurde. Die Kamera erfasste zwei Männer im mittleren Alter. Einer trug Anzug und Krawatte, der andere Jeans und Lederjacke.

»Ja?«, erklang Hels Stimme durch den Lautsprecher. »Sie wünschen?«

»Kripo Hamburg«, sagte der Mann mit der Lederjacke. »Ich bin Hauptkommissar Hansen und das ist Oberkommissar Martin. Dürfen wir reinkommen? Wir haben ein paar Fragen an Herrn Godewill.«

Das war eine Premiere. Noch nie hatte die Polizei an dieser Tür geklingelt. Hatten sie etwas gegen Jan in der Hand? Hel überkam so etwas wie eine Vorahnung, die ihr nicht gefiel. Aber wenn sie die Tür nicht öffnete, würde sie nichts erfahren.

»Herr Godewill ist nicht da. Aber vielleicht kann ich Ihnen ja weiterhelfen?«

»Wir können auch später noch einmal wiederkommen«, schlug Hansen vor.

»Nein, nein, kommen Sie ruhig herein. Halten Sie bitte Ihre Dienstmarken in die Kamera, damit ich sie richtig sehen kann. Sie haben sicherlich Verständnis für meine Vorsicht.«

Beide Ausweise erschienen groß auf dem Bildschirm. Hel war mit ihrem Check zufrieden und drückte auf den Öffner.

»Sie finden mich im Souterrain«, sagte sie.

Als die Beamten das Grundstück betraten, erwartete sie vor der Tür, die zu den Büroräumen in der Villa führte, eine hinreißend aussehende Frau in enger Jeans und mit endlos langen Beinen, die in High Heels endeten, einem Designerblazer, langen schwarzen Haaren und einer auffälligen blau-schwarzen Tätowierung auf der rechten Gesichtshälfte. Bei anderen Frauen hätte das Tattoo vielleicht nachteilig gewirkt. Bei ihr unterstrich es wirkungsvoll den Eindruck einer verlockenden Exotik, perfekt passend zu dem ungeheuer erotischen, aber fremdartigen Eindruck, den sie hinterließ. Sie wusste genau, dass sie diese Wirkung hatte und nutzte das ohne jegliche Skrupel aus.

›Du bist für Unsterbliche eine Einladung, alle Freuden mit dir zu teilen, und für Sterbliche eine Einladung zum Selbstmord‹, hatte Jan einmal zu ihr gesagt. Sie fand das sehr treffend.

»Mein Name ist Helena, ich bin die Assistentin von Herrn Godewill. Kommen Sie doch in mein Büro. Ich bin heute ganz allein hier, weil die anderen außerhalb zu tun haben. Deswegen war ich auch so vorsichtig. Eine Frau kann ja gar nicht vorsichtig genug sein«, sagte sie manipulierend und dachte: ›Besonders, wenn sie Jan begegnet, egal in welcher Gestalt.‹

Während die beiden Polizisten der Frau folgten, musterten sie die Kinderzeichnungen mit den Danksagungen an den Wänden des Flurs. Als sie vor Hels Schreibtisch saßen, kam Hansen darauf zurück, gewissermaßen als Türöffner.

»Die Kinder haben Herrn Godewill ja offenbar wirklich in ihr Herz geschlossen. Ich meine, allein all die Zeichnungen an der Wand …«

»Ja«, sagte Hel. »Da weiß man doch gleich, warum man etwas tut. Die Kleinen haben noch ein so reines Herz. Was kann ich für Sie tun?«

»Wo ist Herr Godewill?«

»Auf Dienstreise. Wo genau, das kann ich Ihnen nicht sagen. Er hält uns da nicht immer auf dem Laufenden.«

»Und wo war er vom 15. auf den 16. Juli?«

»Moment, ich schaue noch einmal in seinen Terminkalender.« Natürlich hätte sie direkt antworten können, aber sie fand es passender, ein wenig herumzublättern. »Ah, da haben wir es. Da war er in Paris, auf einem Kongress zu Henri de Toulouse-Lautrec.«

Hel wusste genau, was Jan damals getan hatte. Und was er jetzt tat, nämlich Blutrunen in Frankfurt und Berlin ernten. Und sie ahnte, was als Nächstes kam. Der Hauptkommissar nannte noch zwei andere Daten. Sie gehörten zu den Morden in Hamburg. Hel blätterte erneut emsig im Kalender.

»Laut Terminkalender waren Herr Godewill und ich da bis spät in die Nacht im Büro«, sagte Hel und beobachtete erfreut die Wirkung ihrer verführerischen Stimme auf die Beamten. Sie hatte sie bezirzt und eingesponnen. »Ich erinnere mich sehr gut daran. Aber ich benachrichtige Sie gern, wenn Herr Godewill wieder da ist, und informiere ihn über Ihren Besuch. Ich bin sicher, dass Sie dann ganz schnell zusammenkommen.«

Hansen und Martin waren nur allzu sehr bereit, dieser Frau alles zu glauben. Natürlich hatte sie mit ihrem Chef zusammengesessen, was sonst? Dann entließ Hel die Beamten huldvoll mit der Bemerkung, dass jetzt ihr Einsatz für das Gute in der Welt gefragt sei, und sie sich um die wohltätige Godewill-Stiftung kümmern müsse.

»Hier haben Sie meine Karte. Rufen Sie mich bitte an, wenn Sie mit Ihrem Chef gesprochen haben«, sagte Hansen.

Hel begleitete die Polizisten noch zur Außenpforte der Villa und ging dann nachdenklich zurück in ihr Büro. Sie wusste, wer Jan unter seinen vielen Masken wirklich war. Schließlich war sie nicht nur seine Assistentin, sondern auch seine Geliebte und Vertraute, und wenn es darauf ankam, sogar sein Bodyguard. Er hatte sie in seine Welt geholt, ihr Reichtum und Abenteuer geboten. Für sie war es kein Problem, dass Jans Welt auch eine abgrundtief dunkle Seite hatte. Er war für sie all die Jahre immer ein faszinierender Mann gewesen. Auch wegen seiner dunklen Seite, die sie immer attraktiv gefunden hatte. Welche Frau wollte schon einen Langweiler?

Außerdem war das eben der Preis dafür, den sie für ihr zugleich spannendes und luxuriöses Leben zahlte. Da war Hel ganz pragmatisch und ganz grundsätzlich nicht belastet von Ethik und Moral. Weil sie von solchem Ballast in ihren Entscheidungen nicht behindert wurde, konnte sie auch ihre Beziehung sehr nüchtern betrachten, wenn es darauf ankam. Bei aller Zuneigung wollte sie ganz bestimmt nicht enden wie Bonnie, wenn ihr Clyde ernsthaft in Bedrängnis kam. Die Sache wurde ihr zu heiß. So nah dran war die Polizei noch nie gewesen. Und Jan verlor zunehmend die Kontrolle.

Sie wollte bestimmt nicht mit ihm untergehen. Nein, sie würde sich rechtzeitig absetzen. Und wie es aussah, blieb ihr dazu nicht mehr furchtbar viel Zeit. Wie sie an einige seiner Konten kam, wusste sie. Die würde sie plündern und konnte damit den Rest ihres Lebens sorglos verbringen. Was sie allerdings verhindern musste, war, dass Jan sie verfolgen konnte.

Schließlich konnte er notfalls ein ganzes Heer von Auftragskillern bezahlen – Gott oder Nichtgott. Auch wenn sie die Konten leer räumte, an die sie herankonnte, hatte er immer noch reichlich Geld. An seine Transformation zum Gott hatte sie nie geglaubt, aber sie hatte das ihm gegenüber nie bezweifelt. Dies gehörte einfach mit zu dem Spiel, das ihr ein aufregendes Leben im Luxus ermöglichte.

Aber sie hatte immer geahnt, dass irgendwann einmal damit Schluss sein würde. Spätestens als die Bestie übernommen hatte, sah sie das Ende kommen. Diese Verwandlung hatte es noch nie zuvor gegeben. So weit war er bisher noch nicht gekommen.

Jan hatte schon einmal erleben müssen, dass seine Verwandlung in den Neuen Gott scheiterte. Er hatte erfolgreich den Fehler gesucht und erneut mit dem Ernten der Blutrunen begonnen, ganz von vorn. In den Ländern, in denen er die meisten Morde begangen hatte, waren sie einfach im Sumpf der Korruption und Unfähigkeit der Ermittler untergegangen. Und so hatten seine Taten erst gar nicht den Weg in die Medien gefunden. Hel hatte ihn immer wieder dazu ermutigt, seinen Weg unbeirrt weiter zu verfolgen. Mochten doch andere sterben, wenn sie nur gut leben konnte.

Das war eben der Kreislauf des Lebens. Hel sah sich an der Spitze der Nahrungskette. Es war die Pflicht aller, die unter ihr standen, für sie ihr Leben zu geben. So wollte es das Naturgesetz!

Bisher war Jan auch immer so kontrolliert vorgegangen, dass für ihn keine Gefahr drohte, erwischt zu werden. Das hatte sich grundlegend geändert. Alles war anders geworden, als sie sich in Hamburg niedergelassen hatten. Deutschland war ein heiliger Grund für die Runen. Irgendwo in den germanischen Wäldern war das Ältere Futhark entwickelt, manche sagten, erkannt worden und hatte seine Macht entfaltet. Deswegen war Jan auch überzeugt davon, dass er hier das Ritual erfolgreich beenden konnte.

Und hier hatte sich Jan auch erstmals mit seinem Krafttier, dem Wolf, verschmolzen. Jan hatte einen Weg gefunden, und das Ergebnis war eine perverse Symbiose von Mensch und Bestie. Damit hatte Hel nie und nimmer gerechnet. Und ihr waren ernsthafte Zweifel an einer weiteren gemeinsamen Zukunft mit Jan gekommen. Es war ungemütlich geworden an der Spitze der Nahrungskette. Zeit also, zu verschwinden. Aber wenn sie sich absetzte, musste Jan dauerhaft schachmatt gesetzt werden.

Sie wusste, was sie dazu tun musste. Bevor die Beamten in der Villa auftauchten, hatte sie noch die Zeitungen mit Schlagzeilen wie *›Wolf tötet Rotkäppchen‹* und *›Der Wolf von der Elbchaussee‹* gelesen. Daher wusste sie, dass an der ersten Hamburger Leiche DNS-Spuren gefunden worden waren.

»Hansen, du wirst ein kleines Päckchen bekommen.« Hel plante ihren nächsten Schritt.

Irgendetwas mit Jans DNS ließe sich schon finden, schließlich hatte sie Zugang zur Villa, das Hauspersonal hatte frei und würde sie nicht stören. Sie entdeckte dann auch schnell etwas Brauchbares im Badezimmer: Jans Zahnbürste. Kein Problem, sie gegen eine identisch aussehende Reservebürste auszutauschen. Dann packte sie das Päckchen für Hansen, legte eine von Jans Visitenkarten hinzu und dazu eine Notiz in sorgfältig unkenntlich gemachter Handschrift.

Falls Sie wissen wollen, welcher Wolf Rotkäppchen am Elbufer geholt hat. Auch der böseste Wolf putzt sich manchmal die Zähne.

Sie war sehr zufrieden mit sich. Nun wurde es Zeit für den nächsten Schritt. Sie überschminkte ihr Tattoo, zog sich unauffälligere Kleidung an, die sie ebenfalls in einem Eckchen in Jans Kleiderschrank lagerte. Hel setzte sich eine blonde Perücke auf und vervollständigte ihre Tarnung mit einer Fensterglas-Brille. Sie wollte Hansen das Päckchen selbst ins Präsidium bringen, weil sie eine so wichtige Fracht keinem Lieferdienst anvertrauen wollte. Außerdem wollte sie verhindern, dass die Spur des Päckchens zu ihr zurückverfolgt werden konnte.

Und so gab dann eine ziemlich unauffällige Frau am Empfang des Präsidiums ein Päckchen für den Hauptkommissar Hansen ab und hinterließ auch bereitwillig ihre gefälschten Personalien. Dann fuhr sie zurück in die Villa, brachte ihr Tattoo wieder zum Vorschein und zog sich um. Jan würde bald wieder zurück sein. Und als er schließlich kam, begrüßte sie ihn, als wäre nichts geschehen.

»Wie war es in Berlin?« Hel strahlte wie immer. Und Jan fühlte sich in diesem Augenblick sehr willkommen. Hel war eben ein Profi. Und ihr Herz gehörte auf ewig ihm. Was das genau bedeuten sollte, hatte Jan noch nicht entschieden.

Er gab ihr einen liebevollen Kuss.

»Großartig. Ich habe eine echte Künstlerin kennengelernt und für die Gemeinschaft engagieren können, die noch heute vollständig sein wird. Du weißt ja, was das heißt?«

»Aszendenz.«

»Ja, Aszendenz. Du wirst es genießen, neben einem Gott zu schreiten. Ist alles vorbereitet?«

»Ja.«

»Ich danke dir. Dann lass mich jetzt bitte allein.«

Hel ließ sich das nicht zweimal sagen. Sie ging, verließ die Villa, fuhr in eine Bar und orderte ein Glas Dom Pérignon brut. Hel beobachtete entspannt die perlenden Bläschen.

Jetzt konnte sie erst einmal nur noch abwarten, wie sich die Dinge entwickeln würden.

Homestory

In der Villa nahm Jan Sinend O'Sullivans Zeigefinger und warf ihn in einen Behälter mit einer chemischen Lösung, die er vor seiner Abfahrt nach Berlin vorbereitet hatte. Die Maden waren einfach zu langsam, wenn es um die rasche Beseitigung des Fleisches ging, und er musste jetzt einen Zahn zulegen.

Danach ging Jan zum Kleiderschrank, zog einen blauen Anzug an und schob die Glock in das Schulterholster. Jetzt konnte der erwartete Besuch kommen. Ein freies Fernsehteam hatte sich für eine Homestory mit dem Titel ›Die guten Menschen von Hamburg‹ im Auftrag des NDR angekündigt. Jan sollte ein wichtiger Teil dieser Serie werden.

Nicht einmal Hel wusste von diesem Termin, weil er ganz allein die letzten Blutrunen, die noch zu seiner Vollendung fehlten, ernten und diesen Moment des Triumphs mit niemandem teilen wollte – auch nicht mit seiner Assistentin und Geliebten. Das Fernsehteam kam pünktlich und bestand aus einer Redakteurin, einem Kamera- und einem Tonmann.

»Wann wird das gesendet?«, fragte Jan mit geheucheltem Interesse. Er wusste genau, wo das alles hier enden würde. Eher wohl auf einem Sendeplatz in den Hauptnachrichten.

»In einer Woche«, antwortete die Redakteurin Amelie Freud.

Jan hatte recherchiert. Das Team hatte gleich morgen Früh einen anderen Auftrag und wurde vor übermorgen nicht in der Redaktion zurückerwartet. Sie waren nicht fest angestellt.

»Gehen wir in den Herrensalon«, schlug Jan freundlich vor, ganz der gute Gastgeber. »Der wird Ihnen gefallen. Außerdem ist dort der Kaffee für Sie vorbereitet. Nach getaner Arbeit habe ich natürlich auch noch hochprozentigere Getränke zu bieten.«

»Kaffee ist perfekt«, entschied Amelie.

Was für eine junge aufstrebende und gut aussehende Frau, die sicherlich ihren Weg gemacht hätte, dachte Jan mit leichtem Bedauern und sagte dann laut:

»Sehr schön. Milch und Zucker finden Sie auf dem Tisch vor sich.«

Jan und das Team nahmen Platz. Die Journalisten tranken aus den Kaffeetassen, die der Hausherr ihnen gereicht hatte. Die Drogen im Kaffee würden sie nicht schmecken.

»Sie verzeihen, dass ich einen Tee trinke«, sagte Jan.

»Wir bedanken uns, dass ein Mann mit so einem Terminplan wie Sie ihn haben, uns die Gelegenheit zu einer Homestory gegeben hat.«

»Sie sind die Ersten überhaupt, denen ich das gestatte«, sagte Jan, stand auf und streckte die Hand nach der Teekanne aus.

»Das wissen wir auch sehr zu schätzen«, bemerkte die Redakteurin. »Darf ich fragen, warum Sie da Ihre Meinung geändert haben?«

»Aber gern. Ich stehe vor einer entscheidenden Änderung und wollte dies gern einem ausgesuchten TV-Team mitteilen. Ja, ich will Sie einladen, einen entscheidenden Part bei dieser Veränderung zu übernehmen.«

»Wir fühlen uns geehrt. Aber wie dürfen wir das verstehen?«

»So«, sagte Jan, zog die Glock, wirbelte auf dem Absatz herum und schoss dem Tonmann direkt in den Kopf. Ein feiner Niesel aus Blut, Gehirnmasse und Knochensplittern regnete auf die Redakteurin herab und überzog sie mit schlierigen Sprenkeln. Die Frau erstarrte vor Entsetzen, während der Kameramann geistesgegenwärtig aus seinem Sessel aufsprang und sich auf Jan stürzen wollte. Ein Schuss in die Schulter stoppte den kräftigen Mann, der wimmernd zu Boden sank.

»Sprechen Sie ruhig weiter, Verehrteste«, sagte Jan im vollendet höflichen Ton eines echten Gentleman. »Ich hoffe, ich habe Sie nicht aus dem Konzept gebracht. Aber ihr Tonmann war in meinem Arrangement wirklich überflüssig.«

»Was … was … was wollen Sie von uns?«, stammelte die Frau mit brüchiger Stimme. Sie war im Sessel zusammengesackt. In ihren Augen sah Jan blankes Entsetzen und Panik. Als Connaisseur in solchen Dingen wusste er diesen Anblick zu schätzen.

»Denken Sie nicht immer nur an sich. Heute können Sie etwas für die Gemeinschaft tun«, sagte Jan, fasste die Hand der Journalistin und zog sie aus dem Sessel.

»Verzeihen Sie mir meine Ungeduld, aber wenn Sie jetzt bitte vor mir her in den ersten Stock gehen würden? Und stützen Sie Ihren Kollegen. Der sieht so aus, als könnte er ein wenig Hilfe brauchen.«

Die beiden Journalisten schleppten sich die Treppe hinauf, Jan folgte ihnen mit gezogener Waffe.

»Als Fernsehjournalisten sind Sie doch Menschen, die einen Blick für schöne Bilder haben. Ich empfehle Ihnen dringend, das herrliche Art-déco-Treppenhaus zu genießen.«

Der Kameramann stöhnte laut auf vor Schmerzen.

Er dirigierte den Rest vom TV-Team zum Altarraum und öffnete die Tür. Er sah das nackte Entsetzen in ihren Augen, als die den Opferaltar erblickten. Doch dann war da nichts mehr in ihren Augen, weil die Drogen zu wirken begannen. Jans Stimme drang wie durch einen Nebel zu ihnen.

»Bleiben Sie ganz entspannt. Lassen Sie geschehen, was ohnehin nicht zu ändern ist.«

Als die Redakteurin wieder klar sehen konnte, lag sie nackt in einer gläsernen Badewanne, die mitten im Altarraum stand. Auf der Wanne war ein Deckel verschraubt, der eine Öffnung für ihren Kopf hatte und eine weitere, die aussah wie ein Trichter. In den Trichter führte ein Schlauch, durch den langsam kaltes Wasser in die Wanne lief.

»Wieder unter uns?«, fragte Jan. »Sie wollen sicher wissen, wie es Ihrem Kameramann geht? Einen Moment.«

Unter der gläsernen Wanne waren Rollen angebracht, so dass Jan sie leicht in eine andere Richtung drehen konnte. Die Redakteurin sah ihren Kameramann, der kopfüber und mit gespreizten Armen und Beinen an einer Art X hing. Durch Hände und Füße waren große Nägel getrieben worden. Ihre Lippen zitterten. Dazu leistete der furchtbare Anblick mindestens so sehr seinen Teil wie das kalte Wasser, das in der Wanne immer weiter anstieg.

»Sie werden jetzt Zeugin von etwas Großem«, versprach Jan. »Aber für alles braucht es natürlich das richtige Werkzeug. Schauen Sie genau hin. Es lohnt sich.«

Jan verschwand kurz aus dem eingeschränkten Gesichtskreis der Redakteurin. Als er zurückkehrte, hielt er einen Degen in der Hand.

»Die Klinge ist ein altes Familienerbstück aus Toledo«, erklärte er und prüfte mit dem Daumen die Schärfe der Schneide. »Ich hoffe, der Kameramann weiß das zu schätzen.«

Der Mann wimmerte leise, als Jan mit der Waffe das Zeichen in seinen Oberkörper ritzte: Hagalaz, die Mutter der Runen. Die Rune, in der alle anderen enthalten waren.

Hagalaz trug alle Kräfte der Evolution in sich. Sie war Zerstörung und Neuanfang. Tod und Wiedergeburt. Die Rune mit der heiligen Zahl Neun stand auch für die Transformation und Vollendung auf einer höheren Stufe der Macht. Jan sang, während er tiefer schnitt.

›Hagalaz ist der Tod und das Leben,
der Vollender des Starken
und die Transformation des Fleisches.‹

Blut floss aus dem geschundenen Körper und sammelte sich unter dem Kopf in großen roten Lachen, während Jan weiter schnitt und sang. Aus Lautsprechern erscholl dazu der 4. Satz von Beethovens 9. Symphonie, die ›*Ode an die Freude*‹.

Genau das war Hagalaz immer für Jan gewesen – eine Ode an die Freude. Und er sang mit Inbrunst:

›Duldet mutig, Millionen!
Duldet für die bessre Welt!
Droben überm Sternenzelt
wird ein großer Gott belohnen.
Göttern kann man nicht vergelten,
schön ists ihnen gleich zu sein.‹

»Hast du das verstanden?«, fragte Jan den Kameramann. »Keine Antwort? Wie unhöflich.«

Er stach ihm die Klinge des Rapiers ins Herz. Dann trennte er den Zeigefinger der rechten Hand ab und warf ihn zu dem der Sängerin.

Jan vollführte eine höfische Verbeugung in Richtung Amelie.

»Habe ich die Ehre mit Schneewittchen in ihrem gläsernen Sarg? Ich denke, ich werde noch ein paar Eiswürfel nachlegen.«

Er schüttete Eiswürfel aus einem großen blauen Müllbeutel durch den Trichter in die Wanne.

»Vielleicht interessiert es Sie. Ihr Körper hat zunächst versucht, die Kerntemperatur zu halten. Das schafft er allerdings nur maximal fünfzehn Minuten, dann dringt die Kälte ins Innerste vor und die Organe kühlen aus. Mit dem Zittern will der Körper Wärme erzeugen, aber im Wasser geht die Körperwärme dadurch noch schneller verloren.«

»Warum?«, fragte Amelie mit klappernden Zähnen und einem verständnislosen Flehen in den Augen.

»O, das ist ganz einfach, ich brauche vierundzwanzig Runen, die ich im Blut geerntet habe, um zu einem Gott zu werden. Dreiundzwanzig Ihrer Mitmenschen waren schon so freundlich, mich dabei zu unterstützen, so wie Ihr Kameramann. Eine Rune fehlt, und zwar die Eisrune Isa.«

Jan ritzte die letzte Rune mit seinem Messer in Amelies Stirn.

Die Frau wimmerte nur noch schwach. Isa, die Rune

ᛁ

des Zusammenziehens, der Konzentration und des Ichs, das sich in der Klarheit des Eises formt. Und sie stand auch für die Kälte der Einsamkeit. Eigentlich hatte er sie für Haller vorgesehen, aber dann wollte er sich diese Gelegenheit hier doch nicht entgehen lassen. Jan flüsterte der sterbenden Frau den Runenvers ins Ohr:

›Isa ist der Tod in der Kälte
und die Klarheit des Ichs
in der Konzentration.‹

»Konzentrier dich, kleine Amelie. Deine Muskeln sind steif, aber du spürst keine Schmerzen mehr, weil die Kälte die Nerven betäubt. Dein Gehirn arbeitet langsam, du kannst dich nicht mehr gezielt bewegen und nicht mehr deutlich sprechen. Ich werde dir jetzt deine Musik vorspielen.«

Aus den Lautsprechern am Altar erklangen Lieder aus Franz Schuberts ›*Winterreise*‹. Jan streichelte liebevoll über Amelies Haar.

»Hörst du? Dieses Lied heißt *Erstarrung*.«

Amelies Atem und Puls waren kaum noch messbar. Dann starb sie. Jan schnitt auch ihr den Zeigefinger an der rechten Hand ab und warf ihn zu den anderen beiden. Nur noch wenige Stunden, und das Fleisch würde verschwunden sein.

Es war so weit. Der letzte Akt konnte beginnen. Jan musste nur noch warten, bis die Knochen völlig blank waren und er die Runen ritzen konnte. Dann hatte er endlich alle vierundzwanzig Runen für das letzte Ritual zusammen.

Bis dahin legte er sich schlafen. Er konnte den Schlaf gut gebrauchen. Denn noch war er ja nicht der Neue Gott.

Der Neue Gott

Haller bekam am selben Abend noch auf seinem Handy einen Anruf aus Hamburg. Hansen war dran.

»Ich habe ein interessantes Päckchen bekommen. Darin enthalten war, jetzt halt dich fest, eine Visitenkarte von Jan Godewill, eine gebrauchte Zahnbürste und ein Zettel. Auf den hatte jemand notiert: ›*Falls Sie wissen wollen, welcher Wolf Rotkäppchen am Elbufer geholt hat. Auch der böseste Wolf putzt sich manchmal die Zähne.*‹ Wir vergleichen jetzt die DNS an der Zahnbürste mit der vom Tatort. Das kann zwei oder drei Tage dauern. Aber ich glaube, wir ahnen beide, was dabei herauskommt.«

In Haller klingelten alle Alarmglocken.

»Wer hat das abgegeben?«, fragte er aufgeregt.

»War nicht mehr herauszufinden. Offenbar eine Frau mit blonden Haaren, Brille und gefälschtem Personalausweis. So genau hat da anscheinend keiner von den Kollegen hingeguckt.«

»Wenn das Ergebnis des DNS-Vergleichs vorliegt, möchte ich dabei sein«, sagte Haller entschieden. »Ich komme nach Hamburg. Einverstanden?«

»Aber klar«, antwortete Hansen.

Haller legte auf und wählte gleich wieder.

»Hallo, Anna, wir haben in Hamburg eine wirklich heiße DNS-Spur. Ich will dabei sein, wenn die Ergebnisse vorliegen. Und wir fahren heute, damit wir vor Ort sind, falls die früher fertig werden. Wir treffen uns in zwei Stunden am Hauptbahnhof.«

In Hamburg nahmen Haller und Anna zwei Einzelzimmer in einem günstigen Hotel nahe dem Präsidium.

Haller wollte in der Nähe von Hansen sein, wenn es losging, und er wollte natürlich ein Raucherzimmer.

Am nächsten Morgen rief er gleich bei Hansen an. Der amüsierte sich etwas über Hallers Übereifer.

»Geduld, Kollege, wir brauchen noch zwei Tage. Sieh dir doch inzwischen Hamburg an. Fahr einfach ein bisschen herum.«

Haller legte zähneknirschend auf. Er wusste ja selbst, dass es nicht schneller mit der DNS ging, selbst wenn die Polizei bei einem Mord auf Hochtouren arbeitete. Doch sein Instinkt sagte ihm, dass Eile geboten war. Beim Frühstück brachte er Anna auf den neuesten Stand und erzählte ihr, was Hansen gesagt hatte.

»Chef, da habe ich vielleicht was für dich.« Anna hatte sich etwas vorbereitet auf die Reise. »Es gibt nicht sehr weit von hier eine kleine Siedlung von jungen Künstlern. Ein umgebautes Bauernhaus mit mehreren Nebengebäuden und eingerichteten Ateliers für junge Maler, die hier kostenlos für ein Jahr vor den Toren Hamburgs leben und zusätzlich wohl auch noch Geld bekommen. Die machen da Ausstellungen. Schriftsteller gibt es auch. Vielleicht findest du ja was Schönes. Es gibt da was für jeden Geldbeutel.« Plötzlich legte sich ein Lächeln auf Annas Lippen und sie beugte sich verheißungsvoll nach vorn. »Außerdem wird das Ganze großzügig von diesem Godewill finanziert.«

Haller wurde schlagartig hellhörig. Er konnte zwar nicht viel mit den Erzeugnissen der Kultur anfangen, aber neuerdings sehr viel mit dem Namen Godewill. Es schadete bestimmt nicht, sich dort mal unauffällig umzusehen.

Hier war im Augenblick nichts zu tun, also konnte Haller genauso gut in die Künstlersiedlung fahren. Wenn sich die Dinge in Hamburg weiterentwickelten, konnte er schnell zurück sein. Schließlich war sein Ziel laut Google Maps nur rund dreißig Kilometer von der Hansestadt entfernt.

»Du hältst hier die Stellung, Anna. Ich hole mir einen Mietwagen und fahre da mal vorbei. Anscheinend läuft gerade eine Ausstellung. Gute Gelegenheit, sich umzuschauen. Vielleicht finde ich dabei ja auch etwas über Godewill heraus.«

Als er den umgebauten Bauernhof erreichte, stieg Haller aus und fingerte erst einmal nach dem Zigarettenpäckchen. Die Gebäude sahen ansprechend aus. Haller genoss die Atmosphäre und vermutete gleich, dass dies ein guter Platz für Kreative sein musste. Spontan beschloss er, das kleine Café auf dem Gelände zu mögen, in dem laut Kreideschrift auf einer Schiefertafel selbst gemachter Kuchen angeboten wurde. Der Hauptkommissar verschwendete keine Zeit, ging direkt hinein und bestellte ein Stück Käsekuchen mit Extrasahne sowie einen großen Milchkaffee, der in einer bunten, bauchigen Tasse serviert wurde. Der Käsekuchen war eine Wucht und dem ersten Stück folgte schnell ein zweites.

Was ihm auch noch gefiel, war, dass die Elbe in unmittelbarer Nähe der Künstlersiedlung vorbeiströmte. Haller mochte große Flüsse. Ohne die Furt durch den Main hätte es schließlich seine Heimatstadt Frankfurt nie gegeben.

Die Ausstellung hatte einige Besucher angelockt. Haller sah etliche Autos mit Hamburger Kennzeichen, darunter auch mehrere Nobelkarossen.

Geld trifft Kunst, dachte Haller. *Das kann für beide Seiten nur von Vorteil sein.*

Die ausgestellten Gemälde gehörten den unterschiedlichsten Stilrichtungen an, soweit Haller das beurteilen konnte. In den lichtdurchfluteten Ateliers standen Bilder in unterschiedlichen Graden der Fertigstellung auf den Staffeleien. In der Luft hing der Geruch von Ölfarben.

Als Haller sich in ein stilles Eckchen auf dem Gelände zurückgezogen hatte, um noch eine zu rauchen, sah er, wie ein roter Ferrari vorfuhr. Ein Mann stieg aus, den er von Fotos kannte – es war Jan Godewill.

Haller trat seine Zigarette aus und zog sich noch weiter in den vor Blicken geschützten Winkel zurück. Er konnte nicht gesehen werden, aber alles beobachten. Der Hauptkommissar spürte das wohlbekannte Kribbeln, das er immer fühlte, wenn seine Jagdinstinkte erwachten. Er schaltete sein Handy auf stumm, damit das Klingeln ihn nicht verriet, vergaß aber, den Vibrationsalarm einzuschalten. Und so bemerkte Haller Hansens Anruf nicht.

Nur kurze Zeit später klingelte in Hamburg Annas Mobiltelefon. Hansen hatte das eindeutige Ergebnis des DNS-Abgleichs. Jan Godewill war der Mann, den sie fassen mussten.

»Das SEK ist bereits unterwegs zu seiner Villa an der Elbchaussee. Ich fahre jetzt auch los. Wo ist dein Chef? Ich kann nur seine Mailbox erreichen.«

»Der besucht gerade Künstler.«

»Egal, dann ist er eben nicht dabei. Wenn du kommen willst, du weißt ja, wo die Villa ist. Frag am Einsatzort nach mir«, sagte Hansen und legte auf.

Als das SEK die Villa stürmte, war Jan Godewill verschwunden. Zurückgeblieben waren drei Leichen. Ein Mann, dem der halbe Kopf fehlte sowie ein Mann und eine Frau, die in einem Raum mit einem Altar gefunden wurden.

Die Umstände waren reichlich bizarr. Der Mann war gewissermaßen verkehrt herum gekreuzigt worden. Unter seinem Kopf hatte sich eine große Blutlache gebildet. Die Frau war wachsbleich und lag in einer gläsernen Wanne. Ihr war ein blutiges Zeichen in die Stirn eingeritzt worden. Aus Lautsprechern erklangen Gesänge im chaotischen Wechsel, eine Kakofonie, die wirkte, als hätte ein Wahnsinniger sie genau dafür komponiert. Das Ganze wirkte wie eine blasphemisch-groteske Kultstätte.

Wenn Haller das gesehen hätte, hätte diese Szene wohl erstmals seine ganz persönliche Jack-the-Ripper-Skala des mörderischen Wahnsinns komplett gesprengt.

Nachdem die SEK-Beamten sich wieder gefasst hatten, meldeten sie Hansen, der in seinem Dienstwagen saß, dass der Gesuchte nicht in der Villa war. Der handelte sofort.

»Der Vogel ist ausgeflogen«, sagte er in sein Funkgerät. »Leitet eine Großfahndung ein.« In diesem Augenblick bemerkte Hansen, dass Anna neben ihm stand.

»Hast du deinen Chef erreicht?«

»Nein, und das ist wirklich nicht seine Art. Normalerweise würde er ständig anrufen, weil er natürlich wissen will, wie der DNS-Test ausgegangen ist. Allmählich mache ich mir Sorgen«, sagte die junge Frau und wirkte dabei sehr nachdenklich.

Hansens Handy klingelte. Er schaute auf das Display.

»Du kannst aufhören, dir Sorgen zu machen. Es ist Harry«, sagte er zu Anna. Dann nahm er den Anruf entgegen. »Ja, Harry, wir haben die DNS-Auswertung. Eindeutig Jan Godewill. Wir sind in der Villa, aber er ist ausgeflogen, hat aber noch vorher ein komplettes Fernsehteam umgebracht. Wo bist du?«

»Anna weiß, wo ich bin. Godewill ist hier.«

»Wir kommen. Warte, bis wir da sind. Unternimm bloß nichts allein.«

Die Beamten stürmten aus der Villa. Die Fahrzeugkolonne preschte über die Elbchaussee mit Blaulicht und Martinshorn Richtung Künstlersiedlung.

Während seine Kollegen den Frieden der Villen entlang der Hamburger Prachtstraße nachhaltig störten, sah Haller, dass Jan eines der Häuser betrat. Vorsichtig schlich sich der Hauptkommissar heran und blickte durch ein Fenster. Gasfackeln flackerten an den Wänden. Auf dem Boden entdeckte er einen Kreis aus Runen. Jan stand mit nacktem Oberkörper in der Mitte des okkulten Kreises.

Er war mit Runen in blutroter Farbe bemalt. In der Hand hatte er einen Dolch. Weil das Fenster ein Stück geöffnet war, hörte Haller, wie Jan die rituellen Worte der Überlieferung sprach:

›Ich weiß, dass ich hing am windigen Baum
neun lange Nächte,
vom Speer verwundet, dem Odhin geweiht,
mir selber ich selbst,

am Ast des Baums, dem man nicht ansehn kann
aus welcher Wurzel er spross.
Sie boten mir nicht Brot noch Meth;
da neigt' ich mich nieder
aus Runen sinnend, lernte sie seufzend:
Endlich fiel ich zur Erde.‹

Jan stand in der Mitte des Kreises aus den Blutrunen, die er geerntet hatte und breitete seine Arme aus.

›Weißt du zu ritzen? Weißt du zu erraten?
Weißt du zu finden? Weißt zu erforschen?
Weißt du zu bitten? Weißt Opfer zu bieten?
Weißt du, wie man senden, weißt, wie man tilgen soll?‹

Mit wildem Triumph schnitt Jan sich mit dem Dolch tief in sein Fleisch und malte mit dem Blut ein Zeichen in den leeren Runenstein.

Der Neue Gott sollte durch das Ritual in diesem Zeichen geboren werden, erinnerte sich Haller. Er glaubte nicht an Götter oder Magie. Aber er wusste, wozu Menschen fähig waren, die an Götter und Magie glaubten. Und er ahnte, was erst Menschen anrichten konnten, die sich selbst für Götter hielten.

Diesem Jan Godewill waren mit seinem Reichtum und seiner Macht schon als Sterblichem kaum Grenzen gesetzt, was er mit seinen Serienmorden bewiesen hatte. Was würde er erst tun, wenn er seine Bahnen als Unsterblicher zog? Er konnte ein Inferno entfesseln, es war letztlich nur eine Frage des Geldes. Er musste Godewill stoppen. Hier und jetzt.

Die Fackeln an den Wänden hüllten Jans Gesicht in ein dämonisches Licht und verwandelten es in eine Maske aus feurigem Blut. Dann erklang im Hintergrund ein

Geräusch, dass Haller gleichzeitig herbeisehnte und in diesem Augenblick hasste: Martinshörner. Denn auch Jan hörte den Lärm und schaute in Richtung des Fensters.

Haller spürte die Aura puren Wahnsinns, als sich seine Augen mit denen Jans trafen. Der Killer hatte den Hauptkommissar entdeckt, stürmte aus dem Kultraum und stürzte mit erhobenem Dolch auf den Polizisten zu. Haller wusste, dass er gegen den durchtrainierten Mann im Nahkampf keine Chance hatte und zog seine Dienstwaffe von Heckler & Koch. Jetzt hatte er fünfzehn Schuss auf seiner Seite. Augenblicklich war er wegen der stark verbesserten Chancenverteilung beruhigt. Er hatte die Waffe keinen Moment zu früh gezogen.

»Ich bin der Neue Gott«, kreischte Jan in vollem Lauf, mit ekstatischer, sich überschlagender Stimme. »Ich werde alle falschen Götter vernichten! Die Götzenanbeter sollen sterben! Und du wirst der Erste sein.«

»Messer fallen lassen, niederknien und die Hände hinter den Kopf« schrie Haller ihm entgegen, die Waffe im Anschlag.

Aber Jan ließ den Dolch nicht fallen. Er stoppte jäh und warf seine Waffe mit einer fließenden Bewegung auf Haller. Die Klinge grub sich tief in dessen linke Schulter. Eine instinktive Ausweichbewegung verhinderte knapp Schlimmeres. Doch heißer Schmerz durchpulste Hallers Schulter in Wellen. Die Hand mit der Waffe sackte hinab. Aber der Kripomann umklammerte hartnäckig den Griff. Ihm war klar: Wenn er die Waffe losließ, war er erledigt.

Jan bückte sich und zog einen zweiten Dolch aus einer Scheide am Fußgelenk, dann stürmte er erneut auf Haller los, sein Gesicht verzerrt zu einer blutroten Maske puren

Hasses. Er sah aus wie der Hohepriester der Hölle, der gekommen war, um den Frankfurter Ermittler zu holen. Und seine Chancen standen nicht schlecht. Ihn trennten nur noch wenige Meter von Haller.

Den verließen schon die Kräfte. Er musste schnell handeln oder alles wäre vorbei. Als er seine Waffe hob, schien sie einen Zentner zu wiegen. Der Abzug ließ sich nur schwer bewegen. Es lag eine denkbare kurze Distanz zwischen Leben und Tod, als sich Hallers Zeigefinger schließlich so weit krümmte, dass der Hauptkommissar auf der Seite der Lebenden blieb.

Jan hatte Haller fast schon erreicht, als ihn der Schuss traf. Er prallte zurück, als wäre er aus vollem Lauf gegen eine imaginäre Wand gelaufen.

Treffer, dachte Haller noch und registrierte, wie der Runenkiller taumelnd über die Böschung des Flusses stürzte, der direkt hinter dem Haus vorbeifloss. Dann griff eine tiefe Leere nach ihm, die ihn in einen schwarzen Abgrund zog. Haller war kurz davor das Bewusstsein zu verlieren. Er musste sich sofort hinsetzen. Mit unsicheren Schritten taumelte er in Richtung des Hauses.

Als Hansen und seine Truppe auf das Gehöft rollten, sprangen die Spezialkräfte mit ihren Helmen, Schutzwesten und Maschinenpistolen aus den Transportern und entdeckten Haller, der auf einer Treppenstufe saß. Als Hansen ein Messer tief in seinem Kollegen stecken sah, rief er sofort einen Krankenwagen. Der Hamburger Hauptkommissar wirkte sehr erschrocken. Die anderen Beamten schwärmten aus und durchsuchten systematisch die Künstlersiedlung.

»Ich habe auf Godewill geschossen und ihn getroffen«, sagte Haller mit schwacher, zittriger Stimme. »Er ist von der Flussböschung gestürzt.« Hansen wies die Polizisten sofort an, die Böschung abzusuchen.

»Ihr könntet ja vielleicht auch noch die Künstler einsammeln, wenn ihr schon mal da seid«, schlug Haller vor, als er wieder ein wenig zu Kräften kam. Er war sehr bemüht, sich seine Schmerzen nicht anmerken zu lassen. Schließlich war er in einer Zeit aufgewachsen, als Jungs und Männer noch hart zu sein hatten.

Die Beamten trafen auf völlig verstörte Menschen. Wie sich herausstellte, hatte Jan ihnen befohlen, in die Häuser zu gehen und dort zu warten, bis er sie rufen würde.

»Er hat uns gesagt, dass etwas Großes geschehen wird, das nur er allein vollenden kann«, erzählte einer der jungen, aktuell sehr panischen Männer.

»Wir nehmen sie alle mit und verhören sie später in Ruhe«, entschied Hansen. »Ich glaube nicht, dass die wirklich etwas wissen. Die Assistentin von Godewill würde da sicher mehr hergeben, aber ich habe nach meiner Begegnung mit ihr irgendwie das Gefühl, dass diese Frau nur sehr schwer zu kriegen sein wird.«

In diesem Augenblick sah Haller, dass Anna ihn mit besorgtem Blick musterte. Sie sagte nichts, kämpfte aber offensichtlich mit den Tränen. Trotz seiner Schmerzen bekam Haller das mit. Die junge Frau mochte ihn, das war ein gutes Gefühl. Er hatte nicht geglaubt, dass er noch einmal bei jemandem solche Gefühle der Besorgnis auslösen könnte. Eigentlich hätte er nicht gedacht, dass er überhaupt noch einmal im Zentrum des Mitgefühls eines anderen Menschen stehen könnte.

Haller spürte etwas, das er schon lange nicht mehr gefühlt hatte – er war gerührt. Aber die Tränen in seinem Augenwinkel kamen ganz bestimmt nur von den Schmerzen in seiner Schulter. *Woher auch sonst!* Immerhin, er konnte sich jetzt Hoffnung machen, nicht unbetrauert ins Grab zu sinken, wenn es dann einmal so weit war.

Als der Krankenwagen endlich neben den Einsatzfahrzeugen hielt, legten die Sanitäter den schweren Mann auf die Trage, Haller stöhnte vor Schmerz, was den Notarzt nicht weiter zu stören schien.

»Das Messer lassen wir stecken«, entschied der Mediziner. »Darum wird sich dann die Klinik kümmern. Auf den ersten Blick würde ich sagen, dass Sie Glück gehabt haben. Aber wir wollen ja kein Risiko eingehen. Jetzt gebe Ihnen erst einmal ein Schmerzmittel.«

***

Der Notarzt sollte recht behalten. Nach der komplikationslosen Operation stand am nächsten Tag Krankenbesuch an seinem Bett. Es war Anna mit einem dicken Blumenstrauß und einem strahlenden Lächeln. Haller hatte gerade keinen Blick dafür, aber schon wieder viele Fragen.

»Habt ihr Godewill gefunden?«, wollte er sofort ungeduldig wissen und richtete sich halb in seinem Bett auf.

»Nein«, entgegnete Anna. »Er ist von der Böschung direkt in den Fluss gestürzt und da muss ihn die Strömung weggetragen haben. Wir haben alles eingesetzt: Leichenspürhunde, Taucher, Hubschrauber mit Infrarotkameras – keine Spur.«

»Ich habe ihn getroffen. Ganz sicher«, sagte Haller mit Nachdruck. »So ein Kaliber steckt man nicht einfach weg.«

»Klar hast du ihn getroffen. Ganz bestimmt sogar. Wir haben reichlich Blut von Godewill an der Böschung gefunden. Die Gerichtsmediziner sind der Überzeugung, dass er ertrunken sein muss, wenn ihn nicht schon die Kugel getötet hatte.«

»Dann können wir das Kapitel Godewill ja wohl schließen.« Harry Haller war hörbar erleichtert und legte sich entspannt wieder zurück.

»Chef, ich bin so froh, dass du noch lebst«, wechselte Anna das Gesprächsthema. »Was machst du denn für Sachen?«

»Ist ja gut, Mädchen«, antwortete der von so viel Zuneigung gerührte Hauptkommissar.

Aber dann war er schnell wieder ganz der joviale und gefasste Vorgesetzte, auf den die Kommissarsanwärterin nach seiner festen Überzeugung einen dienstlichen und persönlichen Anspruch hatte. Auch wenn er gerade knapp dem Tod entronnen war.

»Wieso ist Godewill auf dich losgegangen?«, wollte Anna wissen. »Er hätte das zweite Messer doch genauso werfen können wie das erste.«

»Schwer zu sagen. Vielleicht war das kein richtiges Wurfmesser, also einfach nicht dafür geeignet. Vielleicht dachte er aber auch, er hätte mich schwerer getroffen. Oder war der Meinung, dass er seinen Transformationsprozess zum Gott so weit abgeschlossen hatte, dass er unverwundbar war. Wie auch immer: Ich hoffe, du hast was daraus gelernt.«

»Ich habe sehr viel gelernt. Was genau meinst du?«

»Dass du sehr vorsichtig sein musst, wenn es um Kunst, Hochkultur, angebliche Wohltäter und die sogenannte feine Gesellschaft geht«, antwortete Haller und klang dabei sehr überzeugt. Dann zwinkerte er ihr fröhlich zu und fragte: »Sag mal, wie weit muss ich wohl fahren, um eine wirklich gute Rindswurst zu kriegen?« Seine Lebensgeister waren wieder erwacht und führten ihn zurück auf die Pfade des Wesentlichen.

»Am sichersten ist es wohl, wenn du es in Frankfurt versuchst«, antwortete Anna und lächelte ihm aufmunternd zu.

»Weißt du was? Genau das habe ich auch vor. Anna, ganz plötzlich habe ich Sehnsucht nach einem Imbiss, in dem ein ehrlicher Glatzkopf mit gewaltigem Bauch über sein kleines einfaches Reich der perfekten Rindswurst herrscht.«

»Chef, das geht mir gerade genauso.«

Finsternis

Einige Kilometer weiter flussabwärts hatte der Strom einen Mann an sein sandiges Ufer gespült. Erst wirkte der Körper völlig leblos. Aber dann öffnete er langsam seine braunen Augen, die wie dunkle Seen wirkten.

Jan spürte den pochenden und brennenden Schmerz im Oberkörper, dort, wo Haller ihn getroffen hatte. Der Streifschuss hatte eine tiefe Furche gezogen. Er war also verwundbar. Immer noch! Hatte die Transformation zum Neuen Gott nicht geklappt? Irgendetwas war schiefgelaufen. Verdammt! Jan missachtete den Schmerz, sprang auf und schrie seine Enttäuschung in die Nacht. Was er hörte, war das Heulen eines Wolfes. Es kam eindeutig von ihm, und es wurde erwidert.

Er fühlte den Wind, der über seine nackte Haut strich. Mit seinen feinen Sinnen lauschte er auf die Geräusche der Finsternis und ihrer Geschöpfe, die ihren Bruder willkommen hießen. Jan spürte, wie wildes, gefräßiges Leben jede seiner Zellen durchpulste. Wohlig reckte er sich dem Vollmond entgegen.

Lautlos näherte sich ihm ein gigantischer goldener Wolf. Jan schaute in die leuchtenden Augen der Bestie und versank darin. Er hörte eine Stimme voller archaischer Macht in seinem Kopf. Sie gehörte zu einer Zeit, in der das Tier die Welt beherrschte.

»Willkommen, Bruder. Das Rudel hat dich schon erwartet.«

»Sollte ich nicht der Neue Gott sein?«

»Aber das bist du doch.«

»Wirklich? Es fühlt sich nicht so an.«

»Dann erinnere dich an deinen Traum im Zug. Du bist ein Wesen, das die Unschuld der Tiere und die Schwäche der Menschen verloren hat. Ein Hybrid aus Mensch und Wolf. Du bist das neue Menschentier, der Neue Gott.«

Jan dachte nach, fühlte tief in sich hinein. Er war noch immer nicht überzeugt.

»Ich dachte, ich wäre auf einem anderen Weg. Auf einem falschen Weg möglicherweise. Dass ich den Pfad verloren hatte.«

»Wer einmal den Pfad der Bestie gegangen ist, wird ihn nie wieder verlassen. Du warst die ganze Zeit auf dem Weg zu mir. Jetzt sind wir eins.«

»Aber die Götter …«

»Die Götter sind schwach. Es ist einem Wolf vorherbestimmt, den Allvater Odin zu töten.«

Dann war Jan im Rudel. Er hörte, wie Knochen unter gewaltigen Zähnen brachen, schmeckte Blut und spürte wie seine Zähne Fleisch durchtrennten und Knochen zermalmten. Es klang wie ein wildes Gebet aus Geruch und Gier. Schön und furchtbar und unstillbar gefräßig wie das Leben.

Knurrend und mit gefletschten Zähnen verschwand Jan in der Finsternis. Die Bestie und der Wahnsinn hatten ihn zu sich geholt.

Runenalphabet: Das Ältere Futhark

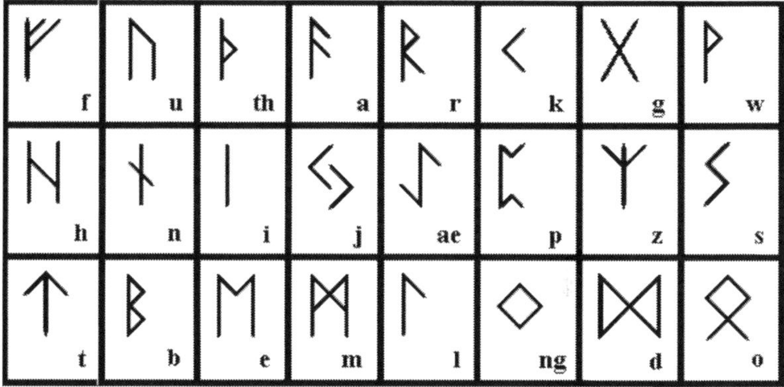

(Benannt nach den ersten sechs Runen F–U–Þ–A–R–K)

Danksagung

Ich danke meinem Sohn Maximilian für lange und geduldige Gespräche, Sabine und Andreas als Fans der ersten Stunde und Michael, einem Freund aus grauer Vorzeit. Der ehemalige Deutschlehrer und Berufspolitiker musste die Lektüre leider abbrechen, weil er es mit der Angst bekam. Auch das war für mich eine sehr hilfreiche Aussage. Für die sehr kompetente und geduldige Beratung bei Fragen zur modernen kriminalpolizeilichen Arbeit danke ich dem Kriminalhauptkommissar Matthias Karsch, Landesvorsitzender Niedersachsen des Bundes deutscher Kriminalbeamter (BDK).

Axel Schnell

Nachwort

Erstmals während all der Jahre, in denen ich bereits als Lektorin für den Redrum-Verlag tätig bin, ist es nun an mir anstelle des Autors, ein paar abschließende Worte zum Buch an den Leser zu richten. Denn leider ist dieses Nachwort zugleich ein Nachruf.

Mit Bestürzung mussten wir zur Kenntnis nehmen, dass Doktor Axel Schnell – während die Lektoratsarbeit an seinem nun letzten Werk auf Hochtouren lief – für uns unerwartet verstorben ist. Im Namen aller Redrum-Mitarbeiter möchte ich seiner Familie auf diesem Weg unser Beileid aussprechen – und mich zugleich dafür bedanken, dass wir das Buch posthum in Absprache mit seinem Sohn und Erben so veröffentlichen dürfen, wie es in Axels Sinn gewesen wäre.

Für mich war es Neuland, an einem Text zu arbeiten, dessen Urheber meine Korrekturen nicht mehr absegnen und meine Änderungswünsche nicht selbst umsetzen kann. Darum habe ich mich bemüht, so behutsam wie möglich vorzugehen und nur so viel zu verändern, wie absolut nötig war. Auch habe ich mich mit der Person Axel Schnell auseinandergesetzt und mit großem Bedauern darüber, dass wir uns niemals persönlich begegnen werden, festgestellt, dass wir viele Gemeinsamkeiten hatten. Wie ich selbst, war Axel Schnell fasziniert von den menschlichen Abgründen, dem sprichwörtlichen Bösen. Er war ein vielseitig interessierter, kultivierter Mann, der sich auch in hohem Alter einen wachen Geist und seine Liebe zur Literatur bewahrt hatte. Sicherlich wäre es spannend und interessant gewesen, sich bei einer guten

Flasche Wein stundenlang mit ihm zu unterhalten. Darüber hinaus – eine weitere Gemeinsamkeit – war er passionierter Sporttaucher und er liebte das Reisen. Uns wäre sicherlich nicht langweilig geworden.

Ich hoffe, dieses Buch trägt dazu bei, die Erinnerung an ihn am Leben zu erhalten.

Stefanie Maucher, im September 2023

VERLAGSPROGRAMM

www.redrum.de

01 Candygirl: *Michael Merhi*
02
03 Höllengeschichten: *Wolfgang Brunner*
04 Roadkill: *Alex Miller, Joe De Beer*
05 Bad Toys: *Anthologie*
06 Gone Mad: *A.C. Hurts*
07 Mindfucker: *Joe De Beer*
08 All Beauty Must Die: *A.C. Hurts*
09 Runaways: *Alexander Kühl*
10 Love Of My Life: *A.C. Hurts*
11 Klipp Klapp … und du bist tot!: *Mari März*
12 Carnivore: *A.C. Hurts*
13 Lyrica: *Jane Breslin*
14 Der Feigling: *Andreas März*
15 Kinderspiele: *Wolfgang Brunner*
16 Victima: *Sam Bennet*
17 Blutbrüder: *Simone Trojahn*
18 Fuck You All: *Inhonorus*
19 Cannibal Holidays: *Ralph D. Chains*
20 Kellerspiele: *Simone Trojahn*
21 Der Leichenficker: *Ethan Kink*
22 Lyrica – Exodus: *Jane Breslin*
23 Gone Mad 2: *A.C. Hurts*
24 Der Leichenkünstler: *Moe Teratos*
25 Wutrauschen: *Simone Trojahn*
26 Dort unten stirbst du: *Moe Teratos*
27 Fida: *Stefanie Maucher*
28 Die Sodom Lotterie: *Ralph D. Chains*
29 Streets Of Love: *Ralph D. Chains*
30 Er ist böse!: *Moe Teratos*
31 Franka: *Moe Teratos*
32 Melvins Blutcamp: *Dagny S. Dombois*
33 Frosttod: *Moe Teratos*
34 Franklin: *Stefanie Maucher*
35 Ratz 1 – Das Mordhaus: *Moe Teratos*
36 Hexentribunal: *Gerwalt Richardson*
37 Ratz 2 – Mordsucht: *Moe Teratos*

38 Voyeur: *Kati Winter*
39 Ratz 3 – Das Mordgesindel: *Moe Teratos*
40 Die Sünde in mir: *A.C. Hurts*
41 Ficktion: *Ralph D. Chains*
42 Das Kinderspiel: *Simone Trojahn*
43 Todesangst im Labyrinth: *A.C. Hurts*
44 Crossend: *Marvin Buchecker*
45 Mörderherz: *Simone Trojahn*
46 Black Diamonds 1: *Amalia Mortem*
47 Doppelpack: *Moe Teratos*
48 Billy – Die Blutlinie: *Gerwalt Richardson*
49 Ratz 4 – Das Mordversprechen: *Moe Teratos*
50 Selina´s Way: *Simone Trojahn*
51 Infam: *André Wegmann*
52 Ratz 5 – Blutige Ketten: *Moe Teratos*
53 Sinnfinsternis: *Reyk Jorden*
54 Carnivore – Sweet Summer: *A.C. Hurts*
55 Der Schlächter: *Jacqueline Pawlowski*
56 Grandma: *Inhonorus*
57 Billy 2 – Les chants from hell: *Gerwalt Richardson*
58 Endstation Hölle: *Jean Rises*
59 Runaways 2: *Alexander Kühl*
60 Totentanz: *Moe Teratos*
61 Leichenexperimente: *Moe Teratos*
62 Folterpalast: *Gerwalt Richardson*
63 Scary Monsters: *Wolfgang Brunner*
64 Schwarze Mambo: *Baukowski*
65 14 Shades of Unicorns: *Anthologie*
66 Ratz 6 – Blutiger Augenblick: *Moe Teratos*
67 Rabenbruder: *Ralph D. Chains*
68 Rednecks: *Faye Hell, M.H. Steinmetz*
69 Bad Family: *Simone Trojahn*
70 Homali Sagina: *Marie Wigand*
71 Todsonne: *Simone Trojahn*
72 Albino Devil: *André Wegmann*
73 Sommertränen: *Simone Trojahn*
74 Über uns die Hölle: *Simon Lokarno*
75 Weil ich dich hasse: *Simone Trojahn*
76 Der Leichenficker 2: *Ethan Kink*
77 Marvin: *Moe Teratos*
78 Projekt Sodom: *Gerwalt Richardson*
79 Totes Land: *M.H. Steinmetz*
80 Der Nobiskrug…: Wolff Arvika

81 Morbid Soldiers: *J. Mertens*
82 Blood Season: *Anthologie*
83 Black Diamonds 2: *Amalia Mortem*
84 Wo ist Emily?: *Andreas Laufhütte*
85 Fuchsstute: *Gerwalt Richardson*
86 Kaltes Lächeln: *Simone Trojahn*
87 Das Leben nach dem Sterben: *Simone Trojahn*
88 Paraphil: *Jacqueline Pawlowski*
89 Schicksalshäppchen 2 – Dark Menu: *Simone Trojahn*
90 Schicksalshäppchen 1: *Simone Trojahn*
91 Pro-Gen: *Wolfgang Brunner*
92 Selina´s Way 2: *Simone Trojahn*
93 Tunguska: *U.L. Brich*
94 Ratz 7 – Blutige Bestien: *Moe Teratos*
95 Ausgeliefert an das Böse: *A.C. Hurts*
96 Hof Gutenberg: *Andreas Laufhütte*
97 Bad Toys 2: *Anthologie*
98 Sam – Band 1 Die Jagd: *Gerwalt Richardson*
99 Sam – Band 2 Die Lust: *Gerwalt Richardson*
100 Geständnis 1: *Moe Teratos*
101 Geständnis 2: *Moe Teratos*
102 Moonshine Games: *Jutta Wölk*
103 Cannibal Holidays 2 - Reborn: *Ralph D. Chains*
104 Martyrium: *Baukowski*
105 Schaffenskrise: *Simone Trojahn*
106 Dschinn: *André Wegmann*
107 DOGS: *Andreas Laufhütte*
108 Vertusa: *Moe Teratos*
109 Der Teufelsmaler: *Gerwalt Richardson*
110 Cannibal Love: *Ralf Kor*
111 Leiser Tod: *Moe Teratos*
112 Der Kehlenschneider: *Moe Teratos*
113 Weltenbruch: *Moe Teratos*
114 Deep Space Dead: *Murray Blanchat*
115 Sam – Band 3 Der Preis: *Gerwalt Richardson*
116 Bull: *M.H. Steinmetz*
117 Giftiges Erbe: *Simone Trojahn*
118 Sinnfinsternis 2 – Diener des Chaos: *Reyk Jorden*
119 Leid und Schmerz: *Michael Merhi*
120 Die Sonne über dem südlichen Wendekreis: *Georg Adamah*
121 Die Anstalt der Toten: *Moe Teratos*
122 Pott-Mortem 1– Oktoberblut: *Andi Maas*
123 Snuff.net: *Jean Rises / Elli Wintersun*

124 Das Vermächtnis des Jeremiah Cross: *Andreas Laufhütte*
125 Insanes: *Gerwalt Richardson*
126 Alvaro: *A.C. Hurts*
127 Macimanito: *Ralf Kor*
128 Jelenas Schmerz: *Moe Teratos*
129 Once upon a Time in … Baukowski and Friends
130 Pott-Mortem 2 – Herbstdesaster: *Andi Maas*
131 Hof Gutenberg 2: *Andreas Laufhütte*
132 Mutterfleisch: *Simone Trojahn*
133 Bärenblut: *U.L. Brich*
134 Spirituosa Sancta: *Baukowski*
135 Der Teufelsmaler 2: *Gerwalt Richardson*
136 House Of Pain: *Marco Maniac*
137 Engel des Todes: *Marc Prescher*
138 Schwarze Sau: *J. Mertens*
139 Drecksmutter: *Anais C. Miller*
140 Der Zwischenraum: *Stefanie Maucher*
141 Master – Teil 1 - Broken Dreams: *A.C. Hurts*
142 Master – Teil 2 Broken Souls: *A.C. Hurts*
143 Master – Teil 3 Broken Wings: *A.C. Hurts*
144 Master – Teil 4 Broken Minds: *A.C. Hurts*
145 Master – Teil 5 Broken *Hearts: A.C. Hurts*
146 Master – Teil 6 Broken Chains: *A.C. Hurts*
147 Necronomicon: *Utz Anhalt*
148 Blutiges Finale: *Moe Teratos*
149 Tage der Vergeltung: *Simone Trojahn*
150 Straße Der Gerechtigkeit: *Simone Trojahn*
151 Am Ende Der Hoffnung: *Simone Trojahn*
152 Hof Gutenberg 3: *Andreas Laufhütte*
153 Snuff Theater: *Pjotr X*
154 Die Hölle von Bossenborn: *Anais C. Miller*
155 Opus Eins: *Simon Lokarno*
156 Abrechnung mit dem Universum: *J.Mertens*
157 Sadistic Forest: Ralph D. Chains
158 Sam – Band 4 Das Ziel: *Gerwalt Richardson*
159 Teufelssommer: *Andi Maas*
160 USA 2084: *Pjotr X*
161 Home Invasion: *J.Mertens*
162 Carnivore 2: *A.C. Hurts*
163 Schwarzer Herbst: *Dagny S. Dombois*
164 Ardennen: *André Wegmann*
165 Cannibal Love 2: *Ralf Kor*
166 Der verschwundene See*: Andreas Laufhütte*

167 Eaten: *Moe Teratos*
168 Eiland: *U.L. Brich*
169 Verspeist: *Mats Hoeppner*
170 Die neue Mauer: Arne Dessaul
171 Til Undeath: *Ralf Kor*
172 Des Teufels Gebet: *Patrick Haischberger*
173 Die Heimsuchung der Ivy Good – Band 1: *M.H. Steinmetz*
174 Der Exorzismus der Ivy Good – Band 2: *M.H. Steinmetz*
175 Rotten – Verdorbene Früchte: *Marcel Hartlage*
176 Tödlicher Trip: *Marc WernerSon*
177 Hof Gutenberg 4: *Andreas Laufhütte*
178 Bunny Man: *Tom Ehrenberger*
179 Dead Romance: *J.Mertens*
180 Sweet Pestilence: *Ralph D. Chains*
181 Das tiefste Schwarz: *Simone Trojahn*
182 Searching Paradize – Die Verdammten: *Jasmin Knappenberger*
183 Searching Paradize – Die Horde: *Jasmin Knappenberger*
184 Die Farm der Toten: *Moe Teratos*
185 Raum 211: *Marcel Riepegerste*
186 Asche: *Marco Theiss*
187 Drecksmutter 2: *Anais C. Miller:*
188 Im Todeskreis der Wölfe: *J.Mertens*
189 Zwischen den Sternen: *Paul Harra*
190 This is Madness: *Michael Merhi*
191 Vollblutbulle: *Alexander Wolf*
192 Disability: *Marcus T. Dread*
193 Brink Of Insanity: *Elena Bork*
194 Hassnacht: *Simone Trojahn*
195 Scavengers – Aasgeier: *Baukowski:*
196 VIC: *Anais C. Miller*
197 Melvins Blutcamp 2 – SARAH: *Dagny S. Dombois*
198 *Red – Blood – Love: Detlef Klewer*
199 Anastasis: *Robert Boem*
200 USA 2085: *Pjotr X*
201 Sequenzen des Todes – Ratz 9: *Moe Teratos*
202 Winterschmerz: *Andi Maas*
203 Hof Gutenberg 5: *Andreas Laufhütte*
204 Deep Cuts: *C.G. Redgrave*
205 Burning Bastards: *J.Mertens*
206 Hekate: *Cendriya*
207 Dein Land in Schutt und Asche: *Georg Adamah*
208 Courtneys Passion: *Pjotr X*
209 Steffen QuAer: *Die Alten*

210 Utz Anhalt: *Die Bluthochzeit*
211 Tödlicher Trip - Das Monster von Maine - *Marc WernerSon*
212 Dschinn – Blutiger Sand: *André Wegmann*
213 Das ewige Spiel: *Andreas Laufhütte*
214 Crossroads: *Marco Theiss*
215 Raum 211 - Rachespiel: *Marcel Riepegerste*
216 Partisan: *Mario U.L. Brich*
217 Blutland: *Simone Trojahn*
218 Ihr seid für mich gestorben! *Moe Teratos*
219 Mein Weltuntergang – *Infektion – Teil: Moe Teratos*
220 Mein Weltuntergang – *Metamorphose – Teil: Moe Teratos*
221 Mein Weltuntergang – *Agonie – Teil: Moe Teratos*
222 Marterqual - *Jacqueline Pawlowski*
223 Bizarr 2: *Baukowsi*
224 Nofretete wird geliebt: *Gerwalt Richardson*
225 In deinem Kopf: *Gerwalt Richardson*
226 Liebe Böse Schwester: Simone Trojahn
227 Fucking Evil - *Ethan Kink*
228 Decadence World - *Ethan Kink*
229 Hadal Zone: *Marcel Hartlage*
230 Die Heilstätte: *André Wegmann*
231 Nico – Jäger und Gejagte: *Gabriel Schwarz*
232 Nuklearer Winter: *Nico von Cracau*
233 Saulin: *Paul Harra*
234 DNA: *Marcel Riepegerste*
235 Das Gemälde: *Andreas Laufhütte*
236 Schrei bis du Stirbst: *Ethan Kink*
237 Das Vermächtnis des Grauens: *Simone Trojahn*
238 Girls, Guns & Moneten: *Ethan Kink*
239 The Forests have Eyes: *Jean Rises*
240 Michael Mertineit: *Simon sagt*
241 Der fünfte Turm: *Herbert H. T. Osenger*
242 Blutige Ebbe: *Marco Theiss*
243 Purple End: *Andi Maas*
244 Nicht Allein: *Dominik Rimm*
245 Fuchsstute 2: *Gerwalt Richardson*
246 Geh nicht durch diese Kellertür: *J. Mertens*
247 Diorama der dunklen Fantasien: *Marius Kuhle*
248 Influence: *Thorsten Onkes*
249 Jacob's Odyssey: *Baukowski*
250 Der Mann aus einer anderen Welt: *Simon Lokarno*
251 Hellfeld: *Michael Mertineit*
252 Hör auf zu bluten: *Matthias Krause*

253 Opa Unverbesserlin: *A.C. Hurts* (Alegra Cassano)
254 Walter: *Dr. Jan Elia*
255 Blutige Segel: *Gerwalt Richardson*
256 The Pig Machine: *Christoph Elias Wild*
257 Tränenhaus: *Asmo Tear - Pjotr X*
258 Razor Teil I + II: *Jörg Bütow*
259 Shock Shorties: *Jörg Bütow*
260 Die dunkle Lust: *Axel Schnell*

Redrum Cuts

1. Bizarr: *Baukowski*
2. 50 Pieces for Grey: *A.M. Arimont*
3. Koma*: Kati Winter*
4. Rum und Ähre: *Baukowski*
5. Hexensaft: *Simone Trojahn*
6. Still Morbid*: Inhonorus*
7. Fuck You All - Novelle: *Inhonorus*
8. Das Flüstern des Teufels: *A.M. Arimont*
9. Kutná Hora: *André Wegmann*
10. Die Rotte: *U.L. Brich*
11. Blutwahn: *André Wegmann*
12. Helter Skelter Redux: *A.M. Arimont*
13. Badass Fiction*: Anthologie*
14. Bloody Pain: *Elli Wintersun*
15. In Flammen: *Stefanie Maucher*
16. Denn zum Fressen sind sie da: *A.C. Hurts*
17. Die Chronik der Weltenfresser: *Marvin Buchecker*
18.
19. Geisteskrank: *Marc Prescher*
20. Sweet Little Bastard: *Emelie Pain*
21. Süchtig nach Sperma: *Marco Maniac*
22. Badass Fiction 2019*: Anthologie*
23. Human Monster: *Stephanie Bachmann*
24. Wut: *Alexander Wolf*
25. Perfect Match: *A.C. Hurts*
26.
27. Nachts, wenn die Lämmer schreien: *Anais C. Miller*
28. Hexenwerk – Die 13: *Moe Teratos*
29. Badass Fiction 3
30. Nur ein Stich: *Andrea Storm*
31. Leisetot: *Anais C. Miller*

32. Außenseiter: *Baukowski*
33. Nathalie: *Stephanie Bachmann*
34. 7 Kugeln: *Bernd Wicik*
35. Tödliche Rache: Marc WernerSon
36. Ogrish: *Jean Rises*
37. Sandtigerspiel: *Bernd Wicik*
38. Skulks: *André Wegmann*

Limited Edition

01 Toter Schmetterling: *Simone Trojahn*
02 This is Madness: *Michael Merhi*
03 Eine Verhängnisvolle Mutprobe: *Andreas Laufhütte*
04 Hexensaft: *Simone Trojahn*
05 Blowhead & Shreadhead: *Baukowski, Rewelk*
06 Selinas Way 3: *Simone Trojahn*
07 Glasgow Smile: *Michael Merhi*

Hardcover Sammlerausgaben

01 Der Fluch: Stephen King
02 Menschenjagd: Stephen King
03 Evil: Jack Ketchum
04 Wo ist Emily: Andreas Laufhütte
05 Kellerspiele: Simone Trojahn
06 Qual – Blaze: Stephen King

Gerwalt Richardson
Torture Porn
Billy
Die Blutlinie
REDRUM

REDRUM loves you!

REDRUM liebt dich!

Printed in Poland
by Amazon Fulfillment
Poland Sp. z o.o., Wrocław

31662578R00163